LEKTÜRESCHLÜSSEL
FÜR SCHÜLERINNEN UND SCHÜLER

Wolfgang Borchert

Draußen vor der Tür

Von Winfried Freund
und Walburga Freund-Spork

Philipp Reclam jun. Stuttgart

Dieser Lektüreschlüssel bezieht sich auf folgende Textausgabe:
Wolfgang Borchert: *Draußen vor der Tür. Ein Stück, das kein Theater spielen und kein Publikum sehen will.* Mit einem Nachw. von Heinrich Böll. Reinbek bei Hamburg: Rowohlt Taschenbuch Verlag, 1995. (Rowohlt Taschenbuch. 1170.)

RECLAMS UNIVERSAL-BIBLIOTHEK Nr. 15392
Alle Rechte vorbehalten
© 2008 Philipp Reclam jun. GmbH & Co., Stuttgart
Gesamtherstellung: Reclam, Ditzingen
Printed in Germany 2008
RECLAM, UNIVERSAL-BIBLIOTHEK und
RECLAMS UNIVERSAL-BIBLIOTHEK sind eingetragene
Marken der Philipp Reclam jun. GmbH & Co., Stuttgart
ISBN 978-3-15-015392-5

www.reclam.de

Inhalt

1. Erstinformation zum Werk

Im Januar 1947 schrieb Wolfgang Borchert das Schauspiel *Draußen vor der Tür* innerhalb von nur einer Woche. Er hatte es mit dem Untertitel *Ein Stück, das kein Theater spielen und kein Publikum sehen will* versehen. Dennoch wollte er die Wirkung seines Stücks im Freundeskreis erproben und sprach alle Rollen selbst. Der Eindruck auf den Hörerkreis war zu Borcherts Überraschung sehr groß. Schnell ergaben sich Verbindungen zum Nordwestdeutschen Rundfunk in Hamburg, dessen Chefdramaturg der Hörspielabteilung Ernst Schnabel, selbst Autor, sich spontan und erfolgreich für die Ausstrahlung des Stücks als Hörspiel einsetzte.

Wolfgang Borcherts Drama *Draußen vor der Tür* leitete die so genannte »Heimkehrerliteratur« ein, die in den fünfziger Jahren beim Publikum Hochkonjunktur hatte und nach dem Krieg mit allen seinen Katastrophen eine Neuorientierung der inneren und äußeren Welt, eine Bilanz der Umsturzjahre und eine Bestandsaufnahme dessen versuchte, was man als bleibende Werte anerkannte.

Heimkehrerliteratur als Möglichkeit einer Neuorientierung

Im Zentrum dieser Literatur standen Kriegsheimkehrer, die sich mit dem, was sie im zerstörten Nachkriegsdeutschland vorfanden, auseinandersetzen mussten.[1]

Als Rundfunkpremiere wurde Borcherts Stück am 13. Februar 1947 vom NWDR mit dem Schauspieler Hans Quest als Sprecher der Rolle des Beckmann ausgestrahlt. Ihm ist die Schauspielfassung, die sich nicht wesentlich von der Hörfassung unterscheidet, gewidmet. Borchert

Die Rundfunkpremiere am 13. Februar 1947

wollte die Hörspielübertragung, die ihn auf einen Schlag bekannt machte, als Todkranker in der elterlichen Wohnung miterleben, doch die Stromsperre in seinem Hamburger Stadtteil machte dies zunichte.

Während sein Gedichtbändchen *Laterne, Nacht und Sterne*, erschienen im Winter 1946, wenig Resonanz und Beachtung gefunden hatte, war Borchert nun Adressat vieler bewundernder Hörer, unter ihnen Literaturkritiker ebenso wie ehemalige Kriegsteilnehmer, auch solche, die sich mit dem Beckmann-Schicksal identifizieren zu können glaubten. Man wollte den jungen Dichter, der sich zum Sprecher einer verlorenen Generation gemacht hatte, kennen lernen.

Borchert erlebte eine zwar ehrenhafte, aber auf Grund seiner Krankheit auch strapaziöse Zeit. In viele persönliche Gespräche verwickelt, glaubte er sich von seiner wesentlichen Bestimmung, dem Schreiben, in seiner kurz bemessenen Lebenszeit abgehalten. Viele der Besucher, unter ihnen Verleger von Zeitungen, Zeitschriften und Buchverlagen, sind für Borcherts Werk wichtige Multiplikatoren geworden: so der Rowohlt Verlag in Hamburg, der alle Rechte am Werk Wolfgang Borcherts erwarb. 1949 wurde hier die Herausgabe des Gesamtwerks veranstaltet. Der Verlag ist seitdem alleiniger Sachwalter dieses Autors, dessen *Draußen vor der Tür* bis heute Auflagenzahlen in Millionenhöhe erreicht hat.

1949 Herausgabe des Gesamtwerks

Das Schauspiel erlebte am Freitag, den 21. November 1947 um 19.00 Uhr seine Premiere in den Hamburger Kammerspielen, ebenfalls mit Hans Quest in der Hauptrolle. Borchert erlebte den überwältigenden Erfolg nicht mehr. Er war tags zuvor in einem Baseler Krankenhaus verstorben.

Premieren-Erfolg des Schauspiels am 21. November 1947

Die Kriegsgeneration und alle vom Elend der Kriegsfolgen Betroffenen (Vertriebene, Hinterbliebene, Überlebende der Konzentrationslager, Wehrmachtsangehörige, Ausgebombte und viele mehr) haben sich in Borcherts Schauspiel, aber auch in vielen seiner Kurzgeschichten und Erzählungen wiederfinden können.

Wir aber müssen mehr als 60 Jahre nach dem unseligen Zweiten Weltkrieg fragen, welche Beweggründe es gibt, sich weiter mit diesem Stück, das seit seiner Uraufführung regelmäßig in den Spielplänen der Theater erscheint, auseinanderzusetzen.

Was Wolfgang Borchert in *Draußen vor der Tür*, vor allem aber auch in seinem Kurzgeschichtenwerk zu sagen hat, ist authentisch, seine Themen sind dem unmittelbaren eigenen Erleben und der Zeitgeschichte entnommen.

Ein Stück aus unmittelbarem Erleben

Das Erinnern an die schrecklichen Erfahrungen der Vorkriegs-, Kriegs- und Nachkriegszeit ist vor allem Aufgabe der Historiker. Sie erforschen und belegen die Fakten durch Namen, Orte, Zahlen und Jahreszahlen. In Borcherts Texten aber begegnen Menschen in von uns erlebter Gegenwärtigkeit. Sie denken und fühlen, lieben und leiden. Zuschauer wie Leser nehmen unmittelbar teil, sie sind deshalb zu echter innerer Anteilnahme fähig, denn das ihnen gezeigte Leiden an der Zeit, für den Historiker reines Faktenmaterial, spiegelt das authentische Erleben einer Generation.

So ist Borcherts Drama *Draußen vor der Tür* mit seinen exemplarischen Situations- und Figurentypen durchaus ein realistisches Dokument der Nachkriegsmentalität. Es erweckt Schrecken und Mitleid. »Mit der Mög-

Realistisches Dokument der Nachkriegsmentalität

lichkeit teilnehmender Erkenntnis ist Borcherts Theater eine moralische Anstalt – und kann es auch heute noch sein. Auch heute: Denn das Stück ist nicht nur ein Zeitstück aus dem Jahre 1947. […] Es weitet den Blick über den historischen Ort hinaus auf die existenzielle Situation des Menschen überhaupt. […] Holzschnittartig vereinfacht, d. h. auch für jedermann wahrnehmbar, mit Appell an das Gemüt und nicht den Intellekt, geht es hier aus den realistischen Zeitbildern hinaus um die letzten Dinge überhaupt, um Schuld und Unschuld, um Dasein und Tod und um Gott, der bei Borchert […] erbarmungswürdig, draußen vor der Tür die Straßen fegt.«[2]

> *Borcherts Theater als moralische Anstalt*

Darüber hinaus haben uns die Jahre nach dem Zweiten Weltkrieg immer wieder gezeigt, dass aus den bitteren Kriegserfahrungen weltweit leider kein Frieden erwachsen ist. *Draußen vor der Tür* lebt und gehört zweifelsfrei zu den bedeutendsten und wirkungsmächtigsten Theaterstücken der neueren deutschen Literatur. So gab es allein im Zeitraum von 1997 bis 2005 neunundzwanzig Inszenierungen des Stücks. »Dies liegt nicht zuletzt an der Aktualität und Universalität des Protagonisten im Stück. Beckmann war nicht nur im Zweiten Weltkrieg. Er war in Vietnam und Afghanistan, in Angola und Liberia, und er ist im Irak. Sein Schicksal berührt und geht uns an, solange es Kriege gibt.«[3] Kriege scheinen noch immer probate Mittel zur Durchsetzung macht- und wirtschaftspolitischer Interessen zu sein, nicht selten getarnt durch gebetsmühlenartige Wiederholung der Aggressionsbereitschaft des Gegners. Auseinandersetzung mit den Kriegsfolgen als Mahnung zum Frieden ist daher keineswegs überflüssig.

2. Inhalt

Das Stück, das »kein Theater spielen und kein Publikum sehen will«, beginnt mit der sachlich unsentimentalen Darbietung des »Plots«. Die Konflikthandlung des Dramas verweist auf die Alltäglichkeit dessen, was zunächst wie in einem »tollen Film« erlebt wird, sich aber als alltägliche Wahrheit im zerstörten Nachkriegsdeutschland entpuppt.

Darbietung des Plots

Im **Vorspiel** begegnet der Beerdigungsunternehmer, der sich als Tod zu erkennen gibt, Gott, der als alter Mann erschüttert Zeuge wird, wie sich wieder ein Mann, an der Kleidung als ehemaliger Soldat zu erkennen, von der Pontonbrücke in die Elbe stürzt. Während der alte Mann über das Schicksal seiner Kinder weint, dem er hilflos gegenübersteht, zeigt sich der Tod als rülpsender Vielfraß, der von sich selbst sagt, dass er »überfressen« ist. Er ist der neue Gott, an den die verzweifelten Menschen glauben, dem sie sich freiwillig übergeben, während der alte Gott ausgedient hat, weil keiner mehr an ihn glaubt.

Das Vorspiel

Der **Traum** verdeutlicht dem Zuschauer, dass der Heimkehrer Beckmann von der Brücke in die Elbe gesprungen ist. Er teilt das Schicksal der vielen, die nach langer Abwesenheit durch Krieg und Gefangenschaft nach Hause zu kommen hofften, aber erleben mussten, dass sie zu spät kamen. Ihr Platz ist bereits von einem anderen eingenommen, sie können nicht zurück, bleiben »draußen vor der Tür«.

Der Traum

Aber die Elbe, in deren Wellen Beckmann den Tod finden wollte, lehnt diesen Tod ab. Sie hält den Fünfundzwanzigjährigen für »einen verzagten Anfänger«, dessen Schicksal keineswegs ungewöhnlich ist. Als »Rotznase von einem Selbstmörder« will sie ihn nicht annehmen. Sie fordert ihn auf, ein anderes als ihr »Bett« aufzusuchen, und kündigt ihm an, ihn im Sand von Blankenese auszuspeien.

Die Elbe lehnt den Freitod Beckmanns ab

Zu Beginn der **1. Szene** trifft Beckmann halb im Wasser liegend auf den Anderen, das Alter Ego, den anderen Teil von Beckmann, der alle Lebenssituationen mit ihm geteilt hat. Er ist der positive, bejahende Teil, den der Neinsager Beckmann nicht loswird, was immer er auch versucht. Durch sein Fragen kommt Licht in das persönliche Schicksal des Heimkehrers Beckmann. Seine Frau hat ihn bei seiner Rückkehr nach Hamburg nicht wieder aufgenommen, für sie war er nur »Beckmann«. Zurückgekehrt nach dreijähriger russischer Kriegsgefangenschaft mit einem steifen Bein, waren sein Platz und sein Bett von einem anderen Mann eingenommen. Sein Sohn, den er nie zu Gesicht bekam, ist als Kleinkind im Bombenhagel umgekommen; die Stadt auch jetzt noch ein Trümmerfeld. Beckmann kommt auf seinen Selbstmordversuch zurück, der aber vom Anderen als »Traum« und von Beckmann schließlich als »Hungertraum« wahrgenommen wird.

Der Andere, das Alter Ego

Beckmanns Heimkehrerschicksal

Ein Mädchen taucht auf. Die junge Frau hat Beckmann zunächst für einen Toten gehalten. Als sie erfährt, dass er sich wegen seines steifen Beins nicht aus dem Wasser erheben kann,

Beckmann und das Mädchen

hilft sie ihm. Weil er ihr trostlos und hoffnungslos traurig erscheint, bietet sie ihm an, ihn mit in ihre Wohnung zu nehmen und ihn dort mit trockener Kleidung zu versorgen. Beckmann folgt dem Mädchen. Der Andere kommentiert das Geschehen als zurückgekehrten Lebensmut, ausgelöst durch »so ein paar Locken, wegen so einer weißen Haut und ein bißchen Frauengeruch«.

Die **2. Szene** spielt in der Wohnung des Mädchens. Unter der Lampe nimmt sie ihn in Augenschein und lacht vor allem über Beckmanns Gasmasken-brille, die er in Ermangelung einer anderen Brille tragen muss, um klar sehen zu können.

In der Wohnung des Mädchens

Ohne die Brille fühlt er sich rettungslos verloren. Das Mädchen mag die Trostlosigkeit des Gasmaskengesichts nicht und nimmt ihm die Brille ab. Beckmann aber fordert sie zurück, weil nun alles undeutlich verschwimmt. Doch das Mädchen findet es gut für ihn, wenn er diesen Abend alles bloß ein bisschen verschwommen sieht. Sie gibt ihm eine trockene Hose und eine viel zu große Jacke. Die Kleidung stammt von ihrem Mann, der seit drei Jahren vor Stalingrad vermisst ist.

Bei dieser Entdeckung will Beckmann die Jacke nicht an-behalten. Ihn erschüttert die Zufälligkeit, die den einen liegen bleiben und den anderen zurückkommen lässt. Er fühlt sich in der Jacke als grauenhafter und gemeiner »Witz, den der Krieg gemacht hat«. Das Mädchen jedoch bittet ihn in-ständig, die Jacke anzubehalten. Sie will, dass Beckmann in ihre Nähe kommt, dass er die eingetretene grauenhafte Stille durchbricht. Sie will mit ihm, den sie »Fisch« nennt, das Heute ergreifen und an das Morgen nicht denken.

Aber Beckmann kann sich nicht auf die junge Frau einlassen. Er fordert seine Brille zurück, glaubt langsam verrückt zu werden, denn er sieht hinter dem Rücken des Mädchens einen Mann stehen, einen einbeinigen Riesen mit zwei Krücken. Er hört das »Tecktock« der Krücken, während die Frau schreiend aus dem Zimmer läuft.

Der Riese wendet sich Beckmann zu und durch dessen Fragen erkennt Beckmann die entstandene Situation als Parallele zu seiner eigenen am Tag vorher. Der Riese erkennt in Beckmann denjenigen, durch dessen Befehl er bei Stalingrad sein Bein verlor. Kopflos rennt Beckmann auf die Straße, er will nicht weiterleben. Doch wieder ist da der Andere. Ihm bedeutet er, dass er nicht mehr »Beckmann« sein will, der dem Obergefreiten Bauer den Befehl gab, seinen Posten bis zuletzt zu halten. Der Andere jedoch besteht darauf, weiterzugehen – aber nicht an die Elbe. Er schlägt vor, seinen ehemaligen Vorgesetzten aufzusuchen, um ihm die Verantwortung zurückzugeben, die er Beckmann seinerzeit vor Stalingrad aufgebürdet hat.

Beckmanns Flucht vor dem einbeinigen Riesen

Die **3. Szene** spielt in der warmen Stube des Obersts, der sich durch das Erscheinen Beckmanns beim Abendbrot gestört fühlt. Beckmann lässt sich nicht abweisen, denn vom Ausgang des Gesprächs hängt seine Entscheidung, ob Leben oder Sterben, ab. Doch diese Entscheidung ist dem Oberst unverständlich. Als Soldat habe man schließlich gelernt, auch die schlimmsten Situationen zu meistern und unbeschadet an Leib und Seele zu überstehen. Aus seinem Erscheinungsbild mit Stoppelhaarschnitt und Gasmaskenbrille schließt er, dass Beckmann »gesessen« ha-

Beckmann in der Wohnung des Obersts

be, weil er irgendwo eingestiegen und geschnappt worden sei. Beckmann münzt diese Bemerkung auf sein Stalingraderlebnis um. Sarkastisch schildert er die Behandlung in der russischen Gefangenschaft, die der Oberst als völlig verzerrt bezeichnet, »unserer guten deutschen Wahrheit« nicht entsprechend. Beckmann jedoch entlarvt die Wahrheit des Obersts als Gewissenlosigkeit, entsprungen den guten Lebensumständen, in denen Kriegsgrauen verblasst. Dennoch bleibt Beckmann für ihn einer, dem »das bißchen Krieg« Begriffe und Verstand verwirrt hat.

Beckmann aber schildert seine Gewissensnot, die ihn in den Nächten ergreift und ihn schlaflos macht. Er erzählt seinen Traum, aus dem er Nacht für Nacht schreiend aufwacht und nach dem er nicht wieder einschlafen kann. Dort sieht er einen fetten Mann, der auf einem Riesenxylophon spielt und bei jedem Schlag vor dem Xylophon hin und her saust. Der schwitzt dabei Blut, das an seinen Hosennähten in roten Streifen hinunterläuft. Er sieht aus wie ein schlachterprobter General. Weil ihm beide Arme fehlen, spielt er mit aus Handgranatenstielen gefertigten Prothesen, und die Hölzer des Xylophons sind aus Menschenknochen. Auf diesem Xylophon spielt der General einen Marsch: *Preußens Gloria* oder den *Badenweiler*, den *Einzug der Gladiatoren* oder *Alte Kameraden*. Und aus den Massengräbern erheben sich Millionen Kriegstote, aus allen Gegenden der Welt, mit allen nur möglichen Verletzungen, unübersehbar in ihrer Zahl und Qual, deren Gestöhn bis an den weißen Mond dringt. Und der General fordert: »Beckmann, Sie übernehmen die Verantwortung. Lassen Sie abzählen.« Aber die Toten führen den Befehl nicht aus, sooft Beckmann ihn auch wiederholt. Stattdessen brüllen sie in Sprechchören: »Unteroffizier Beckmann«. Und weil ihm der Atem stockt, schreit er und erwacht von seinem eigenen Schrei.

Beckmann will nun diese Verantwortung, die ihm der Oberst bei Gorodok für zwanzig Mann auf einer Erkundungsmission bei 42° Kälte übertragen hatte, zurückgeben. Am Ende der Erkundung fehlen elf Mann. Er hofft, dann endlich wieder schlafen zu können, nicht mehr Nacht für Nacht von den Hinterbliebenen nach dem Verbleib der Männer gefragt zu werden. Seine elf toten Soldaten soll der Oberst den Tausenden, die er zu verantworten hat, hinzufügen.

Der Oberst aber lacht seine Beklemmung fort, empfindet Beckmanns Darbietung als komische »Nummer« und schlägt ihm vor, den Traum mit Musik auf die Bühne zu bringen. Als Lohn für den unterhaltsamen Abend soll ihm sein Chauffeur einen alten Anzug geben, damit er die zerrissenen Soldaten»klamotten« wegwerfen und wieder »ein Mensch« werden könne. Bestürzt rennt Beckmann aus dem Zimmer, nimmt aber bei umfallender Lampe die Rumflasche und ein halbes Brot mit.

Zunehmend betrunkener, gibt er denen Recht, die die Toten vergessen, statt sie zu betrauern. Nun will er zum Zirkus und dort das Gelächter über die Toten herbeiführen.

In der **4. Szene** finden wir Beckmann noch leicht angetrunken im Zimmer eines Kabarettdirektors, der ihm einen Vortrag über die Jugend hält, die in diesen Zeiten gebraucht wird. Auch ihm fällt die Gasmaskenbrille auf, die ihm einen »Schluckauf« erzeuge.

Beckmann beim Theaterdirektor

Verwundert ist er darüber, dass Beckmann noch »lange nach« dem Krieg diese Brille trägt. Er selbst besitze drei

Brillen für unterschiedliche Gelegenheiten. Als Beckmann anfragt, ob er eine dieser Brillen haben könne, wird er jedoch zurechtgewiesen.

Beckmann nutzt die Gelegenheit und zitiert den Oberst, der seinen Aufzug für ungeheuer lustig und bühnenreif erklärt hat. Der Direktor jedoch ist der Auffassung, dass er nasskaltes Grauen beim Publikum heraufbeschwören würde. Die Zuschauer wollten Heiteres und Positives. Auch Anfänger wollten die Zuschauer nicht sehen. Beckmann müsse erst einmal ins Leben hineinriechen und sich einen Namen machen.

Der aber beharrt auf einer Chance. Schließlich fordert er ihn auf, seinen Auftritt vorzuspielen. Es ist seine eigene Heimkehr nach Hause nach der Melodie der »tapferen kleinen Soldatenfrau«, apathisch und monoton mit Xylophonbegleitung.

Beckmanns Bühnenvorstellung

Der Vortrag kommt nicht an. Beckmann soll begreifen, dass er so nicht auf die Bühne kann, dass er warten muss, mehr Genie entwickeln und für die Kunst reifen muss. Als Beckmann an die Stelle von Kunst »Wahrheit« einbringt, ist der Direktor überzeugt, dass man mit der Wahrheit nicht weit komme, wer wolle schon die Wahrheit wissen?

Enttäuscht und aufgebracht verlässt Beckmann das Theater mit dem Ziel Elbe.

Doch der Andere sucht ihn zu beschwichtigen, gaukelt ihm vor, dass die Wahrheit lebt und immer irgendwo eine Tür offen steht, und rät ihm, zu den Eltern nach Hause zu gehen.

Zu Beginn der **5. Szene** steht Beckmann erwartungsvoll vor dem Haus, dann vor der Tür der elterlichen Wohnung, in der er unwiederbringlich schöne Stunden verbracht hat. Statt seiner Mutter erscheint nach dem Klingeln Frau Kramer. Sie klärt Beckmann ohne Umschweife darüber auf, dass seine Eltern gestorben sind und auf dem Friedhof in Ohlsdorf begraben liegen. Beckmann kann es nicht fassen, in ihm tauchen lebendige Erinnerungen an die Mutter auf. Frau Kramer hebt unverblümt die Nazivergangenheit und den Antisemitismus des Vaters hervor, die zu Recht mit dem Verlust seiner Beamtenpension bestraft worden seien, in ihrer ausweglosen Situation hätten sie den Gashahn aufgedreht. Die Gasmenge hätte einen ganzen Monat zum Kochen gereicht.

Zusammentreffen Beckmanns mit Frau Kramer

Beckmann ist außer sich, er glaubt, es nicht mehr aushalten zu können. Und wieder ist da der Andere, der beschwichtigend auf die verzweifelten Aussagen Beckmanns reagiert und sie mit den außergewöhnlichen Zeitläuften entschuldigt. Er fordert Beckmann immer wieder auf, nicht auf das zu hören, was die anderen sagen. Doch die Verzweiflung Beckmanns kulminiert in der Auflistung der ungezählten Toten. Er kann und will nicht mehr weiter, möchte sich auf die Treppe vor seiner Tür setzen und dort schlafen bis zur nächsten Mobilmachung. Während der Andere unentwegt versucht, ihn wachzuhalten, schläft Beckmann allmählich ein. Er träumt, er mache nicht mehr mit, er sterbe, er fühle sich nicht mehr und glaubt sich im Himmel.

Beckmanns Begegnungen in seinem zweiten Traum

In dieser Situation erscheinen ihm nacheinander der der »liebe« Gott, der Tod als Straßenfeger – alias Beerdigungsunternehmer, der Oberst, der Direktor, Frau Kramer, seine Frau und das Mädchen. Während der Andere nicht aufgibt, ihn zum Weiterleben und Weiterma-

chen aufzufordern, erlebt er die Gleichgültigkeit und Lieb-
losigkeit der ihm Begegnenden.

Gott ist weiterhin der alte Mann, der hilflos zusieht, wie
seine armen Kinder umkommen. Der Tod verspricht ihm,
eine Tür offen zu halten, bevor er mit seinem Kehrbesen
weiterzieht.

Der Oberst will sich zunächst nicht erinnern, bezeichnet
ihn dann aber als einen, der durch den Krieg »ein bißchen
entmenschlicht« wurde und einen »unschönen Anblick« ab-
gibt, während Beckmann in ihm seinen Mörder sieht, der
ihn in den Tod »gelacht« hat.

Auch den Direktor bezichtigt Beckmann des Mordes an
ihm. Der aber sieht in Beckmann nur einen Fanatiker, ganz
versessen auf Wahrheit, einen, der vom Leben überfahren
wurde, wenngleich der Stoff seiner Ballade toll gewesen sei:
»Die Wasserleiche mit der Gasmaskenbrille«.

Durch ihre Herz- und Taktlosigkeit gegen ihn und seine
Eltern ist Frau Kramer zur Mörderin an einem jungen Menschen geworden. Auch wenn sie ihn bedauert, zeigt sie sich
teilnahmslos.

Der Auftritt seiner Frau scheint ihn kurzfristig umzu-
stimmen. Sie geht jedoch mit ihrem Freund vorbei, ohne ihn
zu erkennen oder zu beachten. Selbst der Andere ist verstummt, als das Mädchen kommt.

Sie hat Beckmann gesucht, sagt, dass sie ihn liebt, und
bringt Beckmann dazu, endlich aufzustehen. Doch in die-
sem Augenblick ertönt das »Tecktock« des Einbeinigen.
Das Mädchen entfernt sich, während der Riese auf seinen
Krücken auf Beckmann zukommt. Er bezichtigt ihn des
Mordes an ihm, weil Beckmann seinen Platz bei dem
»Mädchen« – seiner Frau – eingenommen hatte, als er aus
Sibirien zurückkam. Auch er hat den Tod in der Elbe ge-

funden. Er nimmt Beckmann das Versprechen ab, ihn nicht zu vergessen.

Am Ende bilanziert Beckmann das Leben. Er addiert seine Erfahrungen und fühlt sich als Gemordeter und Mörder zugleich. Er will auf der Straße sterben. Doch die Achtlosigkeit der Vorübergehenden macht auch seinen Tod sinnlos. Soll er leben? Soll er sterben? Was soll er tun? Auf seine Fragen aber gibt niemand mehr eine Antwort.

Beckmanns Verzweiflung in der Antwortlosigkeit

3. Personen

Borcherts Stück entwirft das Bewusstseinsbild einer verführten und geschundenen, in den Kriegssog der dreißiger und vierziger Jahre hineingezogenen Generation. Ihr Zeuge ist der Heimkehrer **Beckmann**, Protagonist des einen Tag vor der Uraufführung in Basel verstorbenen Autors. Sein literarisches Vermächtnis ist Klage über eine verlorene Jugend, eine Gegenwart ohne Zukunft und zugleich Anklage der ideologisch verrannten Väter und Kriegstreiber. Beckmann mit der monströsen Gasmaskenbrille vor den Augen rückt die unmittelbare Nachkriegszeit in der Erinnerung an die Tragödie des Menschen und der Menschlichkeit und der Warnung vor dem allzu schnellen Vergessen in die Perspektive der Kriegskatastrophe. Der physisch und psychisch beschädigte Heimkehrer ist Opfer und Medium einer deformierenden Geschichte und einer deformierten Gegenwart. Als Einzelperson, isoliert und an den Rand gedrängt, ist er ganz auf sich selbst zurückgeworfen. Die anderen, die Gesellschaft, das Umfeld, in dem er sich bewegt, weisen ihn zurück, bieten ihm keine Chance zum Miteinander. Die Welt steht dem Einzelnen teilnahmslos bis feindlich gegenüber. Der Dramenheld, jenseits aller Bindungen, verkümmert zum Einzelkämpfer. Sein Scheitern scheint programmiert. Die Einheit individueller und kollektiver Kräfte ist zerbrochen im Gefolge einer Geschichte, die dem Menschen Gewalt angetan und seinem Glauben an eine menschliche Zukunft den Boden entzogen hat. In seinem Dutzendnamen spiegelt sich ein kollektives Zeit-

> *Tragödie der Menschlichkeit*

schicksal, dem er repräsentativ für alle Leidensgenossen Stimme verleiht.

Das Verständnis als überpersönliches Lebensdrama verbindet Borcherts Stück mit dem überindividuellen expressionistischen Drama, konzipiert als Szenarium des Wesentlichen. Vor allem schlägt sich dies in der streng funktionalen Auffassung des Personals nieder. Die einzelnen Figuren sind Rollenträger elementarer Prinzipien bzw. fundamentaler Daseinsbedingungen. Der Typus erhält jeweils den Vorrang vor dem Charakter, so dass jeder Einzelne fest eingebunden scheint in den dramatischen Prozess, der ihn bestimmt, indem er ihn erfüllt. Erscheinen die elementaren Kräfte des Todes und des Lebens in allegorischer Einkleidung bzw. in personifizierter Darstellung, so treten die anderen »Personen« als Typen auf, reduziert auf wenige Merkmale.

Figuren als Rollenträger

Reduktion des Typus auf wenige Merkmale

Besondere Stellungen nehmen **Gott** und **der Andere** ein, beide an der Grenze zur Karikatur gezeichnet. Als Vertreter des Erlösungsglaubens und des Prinzips Hoffnung haben sie allen Vertrauenskredit in der realen Brutalität der Welt verspielt. Wirkt der vergreiste Gott nur noch gebrechlich und hilflos, so entpuppt sich der Andere als Phrasenheld, der zum Schluss, nachdem alle Brücken abgerissen sind, spurlos verschwunden ist. »Du hast kein Gesicht« (13), wirft Beckmann dem Anderen schon bei seinem ersten Auftreten vor, der das zur Karikatur und zum bloßen Geschwätz verkommene Vertrauen auf eine menschenwürdige Zukunft verkörpert.[4] Seine Ermunterungen erscheinen wie leere Versprechungen: »Das Leben ist le-

Gott und der Andere

bendig« (40), »Die Menschen sind gut« (45). Die Sätze, sentenzartig verkürzt, klingen wie Beschwörungsformeln eines Wunschtraums. Nicht Beckmann träumt, wie ihm der Andere vorhält, sondern der, der gegen die Wirklichkeit der Zerstörung nichts als aufbauende Worte setzt. Die Jasager sind unglaubwürdig geworden in einer Geschichtswelt verneinenden Handelns. Die abschließende Revue der gescheiterten Begegnungen widerlegt den Anderen und sein naives, haltlos gewordenes Vertrauen, bis er am Ende sang- und klanglos verschwindet und die Fragen endgültig alle Antworten durchkreuzen.

Kritisch setzt sich Borchert in den beiden abstrakten Figurationen mit überkommenen Idealen auseinander. Religiöse Hoffnungen und die Ideen der Weltverbesserer haben versagt. Vor den Trümmern einer brutalen Geschichte lösen sie sich auf in Schall und Rauch. Solange aus dem Glauben kein Handeln, aus den Worten keine Taten erwachsen, sieht sich der Mensch verwickelt in eine menschenverachtende Geschichte, der Gott und Geist gleichermaßen gleichgültig sind. Borcherts kritische Auseinandersetzung mit den Verkörperungen abstrakt spekulativen Geistes plädiert für eine konkrete Analyse des Geschehenen, für eine Bestandsaufnahme der unmittelbaren Nachkriegszeit, die Profil gewinnt im Ensemble der exemplarisch gezeichneten Figuren.

Die Personen, denen Beckmann begegnet bzw. denen er sich zu nähern versucht, verkörpern elementare Bedingungen menschlichen Daseins unter dem Einfluss der jüngsten Vergangenheit nach der Geschichtskatastrophe des Krieges. Nach der noch eher thesenartigen Auseinander-

Personen als elementare Bedingungen menschlichen Daseins

setzung zwischen pessimistischen und optimistischen Grundhaltungen in der ersten Szene begegnen Beckmann als Bestätigung bzw. als Widerlegung Vertreter der **Liebe**, der **Geschichte**, der **Kunst** und der **Gesellschaft**. Den Rahmen bilden in der zweiten und in der fünften Szene die Bedingungen, von denen sich der Einzelne persönliche Geborgenheit erhofft. Die Begegnung mit dem **Mädchen** verspricht Erfüllung in der Liebe. In der vorbehaltlosen Öffnung, im Mitleiden und in der Hingabebereitschaft zeichnet sich gleich zu Anfang ein scheinbar verheißungsvoller Ausweg aus dem Dilemma ab. Aber der Auftritt des **Einbeinigen** desillusioniert den Ausweg als Sackgasse und führt zur Austreibung des Glückssuchers, der bereits Hoffnung geschöpft hatte.

Begegnung mit dem Mädchen

Der Einbeinige

Liebeserfüllung ist in den Verhältnissen, wie sie der Krieg geschaffen hat, nicht möglich. Im Einbeinigen steht der durch das schuldhafte Handeln Beckmanns amputierte Mensch auf und verweist auf den unlösbaren Widerspruch von Gewalt und Liebe. Zu groß sind Beckmann dessen Kleider, in die er hineingeschlüpft ist, Zeichen seiner durch den Krieg und die durch ihn provozierten Handlungen gleichsam geschrumpften Menschlichkeit. Wer Gewalt ausübt, vertreibt nicht nur die anderen, sondern auch sich selbst aus dem Paradies der Liebe. Die Sehnsucht des Mädchens, ihr Hingabeversprechen bleiben unerfüllt: Den Liebhaber, den sie sich ins Haus geholt hat, holt die verübte Unmenschlichkeit ein und stößt ihn hinaus in die lieblose Welt, für die auch er mitverantwortlich ist. Angeklagt wird nicht nur der Krieg, sondern vor allem der Einzelne, der ihn durch sein Mittun erst ermöglicht hat. So sehr steht er weiterhin unter dem Einfluss des Krieges, dass seine Liebesannäherungen dem feindseligen Eindringen in fremde Bereiche gleichkommen, und der Mitmensch notwendig Blessuren davonträgt. Krieg bedeutet die Korruption der Liebe und die Vergiftung aller Beziehungen durch Gewalt. Noch nach Kriegsende bleibt Beckmann der böse Geist

Vergiftung der Beziehungen durch Gewalt

für den Einbeinigen, der, aus Sibirien zurück, sich durch seinen ehemaligen Vorgesetzten bei seiner Frau verdrängt fühlt. Für seinen selbstgewählten Tod in der Elbe ist Beckmann verantwortlich. Alle Versuche, Verantwortung nicht wahrhaben zu wollen, scheitern. Beckmann, der vergebens seinen Namen ablegen möchte, wird eingeholt von seiner Schuld. Ein Eintauchen in die Anonymität gibt es nicht.

In **Frau Kramer** begegnet Beckmann in der fünften Szene eine zweite weibliche Figur, Vertreterin der Gesellschaft und nun dort zu Hause, wo einst Beckmanns Eltern lebten und er in der Geborgenheit der Familie aufgewachsen war. Insofern erweckt

Frau Kramer

das Zusammentreffen mit Frau Kramer an diesem Ort Erinnerungen an ein Glück, das einmal war. Frauen vertreten den Bereich persönlicher und sozialer Geborgenheit, zumindest erwecken sie entsprechende Assoziationen. Aber der Mitmensch und Nachbar tritt »mit einer gleichgültigen, grauenhaften, glatten Freundlichkeit« (35) entgegen, vermischt mit unverhohlener Feindseligkeit. »Das ist unsere Wohnung. Geboren können Sie hier ja meinetwegen sein, das ist mir egal« (36). Für Beckmann ist der Platz im Elternhaus, aber auch der Platz in einer Gesellschaft verloren, die der Krieg kalt und unbarmherzig gemacht hat. Den selbstgewählten

Verlust des Platzes im Elternhaus und in der Gesellschaft

Gastod der verzweifelten Eltern kommentiert Frau Kramer mit den Worten ihres Mannes: »[...] von dem Gas hätten wir einen ganzen Monat kochen können« (38). Der Krieg und seine Folgen treiben Liebe und Gemeinschaftsgefühl aus und machen die Welt unbewohnbar. Aus seiner einstigen Heimat sieht sich der Einzelne in die Unbehaustheit hinausgestoßen. Im Krieg konfrontiert mit seinen ungeheuren Aggressionen, ist der Mensch dem Menschen fremd geworden. Der andere ist nicht länger der hilfsbedürftige Mitmensch, sondern der Feind, zumindest aber der, der bedrohlich eindringt in den eigenen Überlebensbereich. Misstrauen und Argwohn verdrängen Teilnahme und Fürsorge. Mit den Häusern sind auch die menschlichen Beziehungen in Trümmer gefallen. Der Mensch steht vor dem Scherbenhaufen der Humanität.

In den rahmenbildenden Begegnungen mit dem Mädchen und mit Frau Kramer erfährt Beckmann die Austreibung des Menschen aus fundamentalen Geborgenheitsräumen als Folge der Geschichte und ihrer menschenverachtenden Akteure: in den Binnenszenen vor allem repräsentiert durch den **Oberst**. Ungerührt von der Kriegskatastrophe, von den Toten und Trümmern, vertritt er weiterhin die Positionen, die an dem Unheil schuld sind. Deutschnationale Phrasen gehen ihm ebenso selbstverständlich über die Lippen wie das Bekenntnis zum Kriegerischen. In grotesker Umkehrung ist nicht der Kriegstreiber, sondern der Pazifist destruktiv: »Sind Sie nun ein heimlicher Pazifist, wie? So ein bißchen destruktiv, ja?« (26). Ironisch nennt die Spielanweisung des Obersts »gesundes Preußentum«, das letztlich trotz der Irritationen durch Beckmanns Auftritt die Oberhand behält. Gespenstisch ist die offenbar unproblematische Integration der Geschichtsverbrecher aus jüngster Vergangenheit in die Nachkriegsgesellschaft. Ihre unangefochtene Stellung verweist auf die Fortdauer ideologischer Borniertheit und lässt für die Zukunft nichts Gutes erwarten.

Integration der Verbrecher in die Nachkriegsgesellschaft

Für Verantwortungsbewusstsein und Fortschreiten zu versöhnlicher Menschlichkeit scheint kein Platz. Die Geschichtlichkeit bietet keine Entwicklungsmöglichkeiten für eine humane Existenz, sondern konfrontiert die Gegenwart und den Einzelnen mit Stagnation und Erstarrung in weiterhin vertretenen lebensfeindlichen Denkmustern. Erschütternd ist die Unfähigkeit des Menschen, aus den von ihm angerichteten Katastrophen zu lernen. Aufgebrochen werden könnte die Erstarrung nur durch Auseinandersetzung und Reflexion, beispielsweise im Medium engagierter Kunst. Beckmanns Engagement, im Kabarett die Wahrheit zu sagen, um die Geschichtslüge seiner Zeit zu entlarven, stößt jedoch auf taube Ohren. »Ja, Wahrheit!«, reagiert der **Direktor** auf Beckmanns Vortrag. »Mit der

Der Direktor

Wahrheit hat die Kunst doch nichts zu tun!« (33). Die Kunst strebt die Illusion des Positiven an, mehrfach wird Goethe als großes Vorbild genannt. Es gilt, den Schein einer heilen Welt zu wahren, die Wirklichkeit herauszuputzen und zu verklären. »Goethe zog

Wahrung des Scheins einer heilen Welt

mit seinem Herzog ins Feld – und schrieb am Lagerfeuer eine Operette« (32)[5].

Der Künstler ist der Schönfärber und Illusionist. Er schafft Phantasieausgleiche für reale Enttäuschungen. Nicht Kritik und Veränderung sind sein Anliegen, sondern Kompensation und poetische Tröstung. Die Welt, wie sie sein könnte, nicht wie sie sein sollte, geht ihn an. Beispielhaft deutet Borchert in den Äußerungen des Kabarettdirektors das Programm einer trivialen Spaßkultur an, Symptom eines durch Ohnmacht und Resignation gezeichneten Geschichtsbewusstseins.

Für das geschichtliche Handeln wie dessen Schönfärberei macht Borchert Männer verantwortlich. Sie entscheiden über das, was geschieht und wie das Geschehene zu interpretieren ist bzw. in welchem Licht es erscheinen soll. Beckmann sieht sich konfrontiert mit Stagnation und Verschleierung, mit Erstarrung und Lüge. Leben und Entwicklung aber bedürfen der Wahrheit und der unvoreingenommenen Reflexion. Beides jedoch scheint wirkungsvoll unterdrückt in einer Zeit, die nahtlos an das Vergangene anknüpft. Stellt Borchert die traditionellen Werte des Glaubens und der Hoffnung als nur noch lächerliche Karikaturen dar, so unterwirft er die gesellschaftlich und geschichtlich wirksamen Kräfte einer beißenden Satire, während die Liebe elegisch gebrochen erscheint.

In der abschließenden Revue der 5. Szene kommen noch einmal alle Vertreter zu Wort. Unmittelbar nacheinander treten der Oberst und der Kabarettdirektor auf, gefolgt von Frau Kramer und dem Mädchen, das damit an den Anfang der Begegnungen anknüpft und so den Rahmen abrundet. Der durch die einzelnen Figuren beispielhaft repräsentierte Zustand der elementaren Daseinsbedingungen lässt eine menschenwürdige Existenz nicht länger zu. Geschichtliche Borniertheit und die Kunstlüge auf der einen sowie der gesellschaftlich grassierende Egoismus und das Ersticken der Liebe in der Umklammerung durch die Gewalt auf der anderen Seite geben dem Men-

Revue der Personen in der letzten Szene

schen keine Chance und lassen die Menschlichkeit immer
wieder neu unterliegen. In dieser Situation müssen der
Tod und mit ihm die Schließung aller Perspektiven
zwangsläufig dominieren. Von den Figuren des Stücks gehen keine Impulse aus. Vielmehr sind sie Spiegel einer Ge-
schichtssituation, mit der man sich resignierend abgefun-
den hat und in der man nur noch überleben will. Die Per-
sonalstruktur des Dramas fügt sich zum Spektrum des
Nachkriegsbewusstseins.

Beckmann ist im Geflecht bedingender Kräfte der Be-
dingte unter dem Druck des eigenen Handelns in der Vergangenheit. Als Kriegsheimkehrer steht er exemplarisch für den Einzelnen in extremer Lage. Erst an ihm, an seinen
Enttäuschungen und seiner wachsenden Verzweiflung wird deutlich, wie sehr sich die Le-
bensbedingungen im Einflussbereich des Krieges gegen den
Menschen gewendet haben, dass das Ende des Krieges nicht
unbedingt einen Neuanfang bedeuten muss, sondern dass
am Ende die Kriegsspuren in den menschlichen Verhältnissen nur umso erschreckender hervortreten. Beckmann erfährt am eigenen Leibe die Entfremdung des
Lebensraums, der ihm einmal Heimat war. In
seinem Ausgestoßensein wird er zur De-
monstrationsfigur menschlicher Heimatlo-
sigkeit schlechthin. Heimkehr droht in maka-
brer Pointierung dem Heimkehrer den Weg
ins Grab zu weisen. »Und dann kommt ein **Straßenfeger**,
ein deutscher Straßenfeger, in Uniform und mit roten Streifen, von der Firma Abfall und Verwesung, und findet den
gemordeten Mörder Beckmann. Verhungert, erfroren, lie-
gengeblieben« (53 f.).

> *Beckmann
> Exempel für den
> Einzelnen in
> extremer Lage*

> *Demonstrations-
> figur mensch-
> licher Heimat-
> losigkeit*

▌ Beckmann ohne Vornamen, den selbst seine eigene Frau auf der ersten Station seiner missglückten Heimkehr nicht nennt, ist kein Individuum, kein Charakter, sondern der Rollentypus eines kollektiven Schicksals, fixiert auf die Erfahrung des Scheiterns und zurückgeworfen in die monologische Vereinsamung. Funktionsträger in einem Prozess unter lebensverneinenden Bedingungen, erfüllt er seine Rolle des umhergetriebenen Heimkehrers, in der sich das Schicksal des Odysseus und des Ahasver tragisch verbinden, dem es misslingt, zurückzugewinnen, was er verloren und dem jede Erlösung versagt erscheint.

Der Heimkehrer als Rollentypus eines kollektiven Schicksals

Beckmann macht keine Entwicklung durch. Orientierungs- und heimatlos dreht er sich im Kreis. Am Ende steht er jeweils dort, wo er aufgebrochen ist. Ohne Entwicklung aber gibt es auch keine Hoffnung. Als Heimkehrer in einem Niemandsland erscheint sein Los absurd. Das, was war, gibt es nicht mehr, und das, was ist, lässt ihn draußen vor der Tür stehen. Die Erwartung, aus der extremen Bedrohung in die Geborgenheit zurückkehren zu können, hat die Allgegenwart des Krieges gründlich enttäuscht. Beckmann bewegt sich zwischen der Vernichtung des Menschen auf den Schlachtfeldern und der Verwüstung seines heimatlichen Lebensraums. Wanderer zwischen Auslöschung und Zerstörung, führen alle seine Wege ins Nichts. In der tiefsten Krise menschlicher Existenz gilt es, den Menschen und die menschlichen Lebensräume neu zu entwerfen. Beckmann, der Dramenheld ohne Entwicklung, ist aber auch der grundsätzlich offene Held, offen am Ende für eine positive Wende, für einen Ausweg aus dem Dilemma selbstverschuldeter Beschädigung des Menschen.

4. Werkaufbau, Gattung, Sprache

Weniger Schauspiel als Hörspiel, konzentriert sich Borcherts Stück auf die inneren Stimmen, auf den Menschen, der aus totalitärer Vereinnahmung auftaucht, auf das Einzelbewusstsein, das unter kollektivem Druck verstummt war. *Eine Stimme hebt an* (so der Titel von Gerd Gaisers 1950 erschienenem Roman), und macht den Hörer zum Miterlebenden eines Desasters, dem nur *er* Sinn geben kann, indem er einer Wiederholung mit allen Kräften entgegenwirkt. *Draußen vor der Tür* ist der Monolog des Opfers mit dem Ziel, den gewaltfreien Dialog unter denen zu stiften, die noch einmal davongekommen sind. Sie sind aufgerufen, der Stimme von draußen Einlass zu gewähren in das eigene Bewusstsein, um sie dort nie wieder verstummen zu lassen. »Beckmann formuliert seine Welt-Klage«, schreibt Klaus Günther Just mit Blick auf die ursprüngliche Hörspielfassung »als eine in den entleerten Raum gestoßene Frage (geniale Nutzung der funkischen Technik des Hall-Raums).«[6]

Konzentration auf die inneren Stimmen

Monolog des Opfers als Aufruf zum gewaltfreien Dialog

Borcherts Stück, bisher fast einhellig als Stationendrama, als lockere Reihung von Einzelszenen um eine Zentralgestalt im Gefolge des expressionistischen Dramas aufgefasst,[7] folgt im Kern den Aufbau- und Entwicklungsprinzipien der Tragödie.[8] **Vorspiel** und **Traum** formulieren in dialektischer Polarisierung die Seinsspanne des Menschen zwischen Tod und Leben,

Entwicklungsprinzipien der Tragödie

Vorspiel und Traum

wobei der Tod in Gestalt des Beerdigungsunternehmers als Erster das Wort erhält. Aus seiner Sicht gewinnt der Kriegsheimkehrer Beckmann zunächst Gestalt, ein Todgeweihter, auf dem Sprung, sich selbst angesichts einer unaufhebbar desolaten Lage auszulöschen.

Der makaber getönten Einblendung trostloser Wirklichkeit ist die folgende Traumszene entgegengesetzt, in der die Elbe den versuchten Selbstmord Beckmanns nicht annimmt und ihn auf das Leben verweist: »Lebe erst mal. Laß dich treten. Tritt wieder!« (12). Gegen die Wirklichkeit des Todes erhebt der Traum des Lebens, verkörpert im naturmythischen Sinnbild des Flusses, seine Stimme. Eine Perspektive scheint sich aufzutun, wenn auch von vornherein eingeschränkt durch die Vorrangstellung des Todes und seine unleugbar düstere Realität. Im Stil der Psychomachie der Moralitäten eröffnen die beiden knappen Einleitungsszenen den Kampf des Todes und des Lebens um den Menschen. Eine fundamentale Seinsfrage steht am Anfang eines tragischen Prozesses, die Sinnfrage nach der Möglichkeit des Lebens angesichts der Wirklichkeit des Todes. Allegorisiert erscheinen Personales und Naturhaftes. In die Körperwelt versetzt, werden Kernprobleme des Daseins anschaubar.

Der Eröffnung im Stil der Moralitäten, Spannung erregend durch den immanenten Fragegestus, folgt das eigentliche Lebensdrama in fünf szenischen Bildern. Beckmann selbst formuliert in der 5. Szene das zugrunde liegende tragische Aufbau- und Verlaufsprinzip. In

Fluss als Sinnbild des Lebens

Kampf des Lebens und des Todes um den Menschen

Lebensdrama in fünf szenischen Bildern

fünf Akte scheint das Leben zu zerfallen. Im ersten Akt wird dem Menschen wehgetan, im zweiten ist er es, der wehtut, im dritten tritt die Dunkelheit ein, die sich im vierten noch steigert und im fünften Akt in tiefe Nacht einmündet (40). Die tragisch abschüssige Entwicklung nach vorangestellter Konfliktspannung beherrscht und prägt den Erkenntnisprozess in den fünf

> *Das Leben in fünf Akten*

> *Tragisch abschüssige Entwicklung*

Szenen des Stücks. Die 1. Szene spiegelt zunächst im dramatischen Dialog zwischen Beckmann und dem gesichtlosen Anderen, zwischen Spieler und Gegenspieler, der die Position des Lebens und des Morgens vertritt, die einleitende Dialektik von Todespessimismus und vitalem Optimismus. Paralysiert und frustriert durch das Inferno des Krieges, weist Beckmann, der notorische Neinsager, das Ja zum Leben als haltlose Schönfärberei zurück. Vor allem getroffen hat

> *Beckmann als notorischer Neinsager*

ihn die Zurückweisung durch seine Frau an der Seite eines anderen Mannes. Dem Trümmerfeld außen und innen ausgesetzt, versagt er sich jede Hoffnung auf eine lebenswerte Zukunft. In der 1. Szene sieht sich Beckmann ausschließlich als Opfer, als einer, dem man wehgetan hat und weiterhin wehtun wird. Mit dem Bewusstsein des sinnlosen Leidens an einer feindseligen Welt ist die Grundstimmung des Lebensdramas expositorisch umrissen.

Erst am Ende der Szene beginnt die Handlung durch den Auftritt des Mädchens, eingesetzt als erregendes Moment, anzusteigen und sich trotz allem auf eine mögliche positive Wende zuzubewegen. Steht die 1. Szene im Zeichen einer zumindest an-

> *Anstieg der Handlung durch den Auftritt des Mädchens*

gedeuteten positiven Wende, so nimmt die 2. Szene mit dem
Auftritt des Einbeinigen, der sich als tot geglaubter Mann
des Mädchens herausstellt, bereits die schlimmstmögliche
Wendung. In Beckmann, der jetzt seine Kleider trägt, erkennt er den einstigen Unteroffizier, der ihm befohlen hatte,
auf seinem Posten bis zuletzt auszuhalten, ein Befehl, der
ihn das Bein kostete. Die Situation, von der Beckmann in
der 1. Szene berichtet hatte, wiederholt sich, nur dass er jetzt
nicht das Opfer, sondern der Täter ist. Der
Mensch ist immer beides: einer, dem wehgetan wird, und einer, der wehtut. In der chias-
tischen Handlungsführung der Szenen offen-
bart sich der tragische Widerspruch, in den sich der Erlei-
dende als Handelnder verstrickt, anscheinend unfähig, aus
dem eigenen Leiden zu lernen.

Chiastische Hand-
lungsführung

Doch noch einmal rafft sich Beckmann auf, indem er sich
vornimmt, die Verantwortung für das, was er
im Krieg angerichtet und dem Einbeinigen
zugefügt hat, auf den Oberst, seinen Vorgesetzten von damals, abzuladen. Die 3. Szene im Zentrum
des Stücks bildet die Peripetie innerhalb der Handlungsführung, den Punkt, wo das Geschehen eine endgültige
Wende zum Guten bzw. zum Schlimmen nimmt. Aber
fast schon wie erwartet scheitert Beckmann auch hier, muss
scheitern, weil die Befehlshaber aus den Zeiten des Krieges
weder ein Verantwortungs- noch ein Schuldgefühl haben.
Dem radikalen Wahrheitssucher empfiehlt der Oberst ungerührt, »bei unserer guten deutschen Wahrheit zu bleiben«
(21), und »das bißchen Krieg« (22) nicht zu ernst zu nehmen. Ohne Mitgefühl für die, die unten stehen und die
Hauptlast des Krieges getragen haben, tritt der Oberst im
Kreis seiner Familie, gesichert in den eigenen vier Wänden,

Peripetie

dem anklagenden Desperado von draußen als Überlegener entgegen.

Die Verantwortlichen für das menschliche Desaster, unbelehrbar und unzugänglich, gehen zur Tagesordnung über und behaupten unangefochten ihre gesellschaftliche Stellung. Auf die moralisch verkehrte Welt, in der die Kriegsverbrecher die Geachteten und ihre Opfer die Geächteten sind, reagiert Beckmann mit seiner Groteske vom Knochenxylophon, auf dem der General mit den litzenähnlichen Blutstreifen an der Hose mit seinen Prothesenarmen Kriegsmärsche trommelt. Der satirisch verzerrten Wirklichkeit kann nicht länger das anklagende Pathos, sondern nur noch die groteske Ungestalt beikommen. Aber was als grausige Entlarvung gemeint ist, wendet der Oberst in die komische Entlastung von dem offenbar Bedrückenden. In der Tat umfasst das Groteske beides: das Grauen wie das Lachen. Während im Grauen die Wahrheit des Opfers ansichtig wird, äußert sich im Lachen die Lebenslüge des Täters. Der Schein des faulen Friedens triumphiert über das vom Krieg gezeichnete und zerrüttete Sein. Auf dem Höhepunkt der Handlung, in der exemplarischen Begegnung des einstigen Kommandierenden mit dem Kommandierten, wendet sich das Geschehen endgültig und allem Anschein nach unumkehrbar ins Abschüssige. »Es wird dunkler«, wie Beckmann später den dritten Lebensakt definiert. Unaufhaltsam zeichnet sich der Weg in die Katastrophe ab. Wie das Allegorische macht auch das Groteske das Gegebene erst durchsichtig für seinen tieferen Sinn. Vor einer Welt in Trümmern bedarf es

Groteske des Knochenxylophons

Wendung des Geschehens auf dem Höhepunkt der Handlung

Weg in die Katastrophe

besonderer geistig-künstlerischer Anstrengungen, die Situation des Menschen darzulegen. Die Missgestalt, die der Krieg hinterlassen hat, fordert die Gestaltung durch die Kunst heraus.

Konfrontiert mit der Verschleierung der Wahrheit durch die Geschichts- und Lebenslüge der Verantwortlichen, entschließt sich Beckmann, die Wahrheit im Medium künstlerischer Fiktion offenzulegen. »Es lebe der blutige Oberst! Es lebe die Verantwortung! Heil! Ich gehe zum Zirkus! Es lebe der Zirkus!« (28). Ironie und die entlarvend verfremdende Zirkusmetapher sollen nun die ins biedermännische Bürgertum abgetauchten Täter enttarnen. Doch der Kabarettdirektor lehnt ab. »Bei Ihrem Anblick wird ihnen das naßkalte Grauen den Nacken hochkriechen. […] Aber die Leute wollen doch schließlich Kunst genießen, sich erheben, erbauen und keine naßkalten Gespenster sehen« (30). Der Kunst der Nachkriegszeit geht es nicht um die Wahrheit, sondern um die Betäubung durch Genuss und Bildungsphrasen, in denen das Schöne, Gute und Wahre verbal überleben.

Beckmann sieht sich sowohl im real-gesellschaftlichen Bereich als auch im fiktiven der Kunst an den Rand gedrängt. Weder die Wirklichkeit, repräsentiert durch die Begegnung mit dem geschichtlich Verantwortlichen, noch deren Reflexion in der Kunst steht ihm offen. »Es ist noch dunkler. Man sieht eine Tür« (40). Die Trennungslinie zwischen seriöser und trivialer Kunst verläuft dort, wo es um die Auseinandersetzung mit der Wirklichkeit geht. Versucht die seriöse Kunst mit ihren Ausdrucksmöglichkeiten die gesellschaftlich-geschichtliche Realität zu durchdringen und den Widerspruch zwischen dem, was ist, und dem, was im Sinne des Menschen sein sollte, herauszustellen, so umgibt die triviale Kunst das real Widersprüchliche mit dem Schein des Harmonischen. Ersatzwelten verdrängen die Realität und legen den Willen zur Veränderung lahm.

Herausgedrängt aus allen Bezügen, ausgestoßen und zum Schweigen verurteilt, begibt sich Beckmann auf die Flucht in die Vergangenheit der Kindheit. Doch auch die Hoffnung auf Vergessen in der einstigen familiären Geborgenheit wird grausam getäuscht. Längst sind die Eltern aus Verzweiflung gestorben. Der Vater entpuppt sich im Rückblick als Mitläufer der Nazis und als Antisemit. Überall holt die Gegenwart Beckmann ein. Die Tür des einstigen Elternhauses, das nun Frau Kramer bewohnt, ist dem Sohn auf immer verschlossen. Düster und ohne Antwort steht am Ende die Wirklichkeit vor ihm, in der alle Fragen nach Sinn ungehört zu verhallen scheinen. Die unaufhaltsam fallende Handlung reißt den Obdachlosen mit. Allen Versuchen, sich zu dem, was einmal gewesen ist, zurückzuwenden, erteilt das Stück eine klare Absage.

Unaufhaltsam fallende Handlung

In einer Art Konferenzschaltung, die auf die ursprünglich gewählte Form des Hörspiels verweist, werden in der 5. und abschließenden Szene noch einmal alle Personen hörbar gemacht: der Straßenfeger, eine weitere Figuration des Todes, und der liebe Gott, das Mädchen und der Oberst, Frau Kramer und der Einbeinige, der Beckmanns Verantwortung und Schuld in Erinnerung ruft. Kein Konflikt ist gelöst, keine Frage beantwortet. Die Konzentration gescheiterter Dialoge auf engstem Raum lässt die Handlung steil in die schlimmstmögliche Wendung abgleiten. Im 5. Akt des Lebensdramas ist es »tiefe Nacht«. Die Tragödie des Kriegsheimkehrers, abgedrängt und ausge-

5. Szene als eine Art Konferenzschaltung

Erfüllung der Tragödie

stoßen, erfüllt sich in der stringent inszenierten menschlichen Katastrophe, affektiv gesteigert durch Häufung und

Wiederholung. Der dramatische Prozess als Versuch einer Antwort auf die im Vorspiel und in der Traumszene aufgeworfenen Fragen nach dem Sinn des Todes und den Möglichkeiten des Lebens läuft ins Leere. Am

Lebensdrama mündet ins Absurde

Ende droht das Lebensdrama ins sinnlos Absurde einzumünden.

Borcherts Stück ist geprägt von der Kohärenz des Abstiegs, wirkungsvoll unterstrichen durch das Leitmotiv der verschlossenen Türen und des Draußenstehens. Tragik ereignet sich in dem fortgesetzten Scheitern der dialogischen Anstrengungen, in der monologischen Isolation und in der Ohnmacht des Fragenden, dem niemand mehr antwortet. Tragisch ist die Wendung ins unüberbietbare menschliche Unglück, heraufbeschworen durch den sinnzerstörenden Dämon des Kriegs, der den Unschuldigen schuldig werden lässt, indem er sich verblendet verstrickt in das Verstümmeln und Morden. Hier vor allem liegt die Bedeutung des Einbeinigen mit seiner Mahnung an Beckmanns eigene Täterschaft. Aber die menschliche Gebrechlichkeit scheint

Verweigerung kathartischer Wirkung

nicht länger aufgehoben in einem übergreifenden Sinnzusammenhang. Keine Theodizee kommt dem Einzelnen zu Hilfe. In der Konfrontation mit dem kollektiven Unglück verweigert die moderne Tragödie die kathartische Wirkung.

Die Ausdrucksformen angesichts eines unüberbietbaren geschichtlichen Unheils sind das Groteske und das Absurde, das Sinnwidrige und scheinbar Sinnlose. Das, was einmal den Sinn des Lebens ausgemacht hat, ist zerstört. In den

Trümmern sind die alten Lebensformen und das, was sie getragen hat, zerbrochen. Und doch zeigt sich in der allegorischen Gestaltung der Wille zu neuer Sinngebung, die Anstrengung aus dem, was geblieben ist, Antworten zu entwickeln auf die drängenden Fragen nach dem Wozu des Daseins.

Die abschüssige Handlungsführung, die tragische Struktur der Katastrophe, erfüllt sich nicht zuletzt in der sinnbildlichen Behandlung von Raum und Zeit, die jeweils als Spiegel der Situation des Protagonisten dienen und diese mitbestimmen. Titelgebend ist der Raum als ein Zustand des Draußenstehens und Ausgeschlossenseins. Die verdoppelte Ortsbestimmung impliziert den dringlichen Wunsch des Heimkehrers, drinnen zu sein, die reale Unbehaustheit in der Geborgenheit zu überwinden. Das Haus ist intimer Innenraum in Opposition zu den anonymen Schlachtfeldern des Krieges. Im Stück selbst spiegelt sich im Kontrast von Haus und Straße die zwischen Wunsch und Wirklichkeit gespannte Situation des Heimkehrers. Die Straße ist der Ort des Ausgesetztseins und des Todes. Auf ihr bewegen sich der abgedankte Gott wie der Beerdigungsunternehmer und der Straßenfeger. Die Straße als leerer und toter Raum führt ins Nichts. »Ja, die Straße ist grau, grausam und abgründig. Aber wir sind draußen auf ihr unterwegs, wir humpeln, heulen und hungern auf ihr entlang, arm, kalt und müde!«(40). Der Oberst, der Kabarettdirektor, Frau Kramer und das Mädchen wohnen in Häusern, zu denen dem Außenstehenden der Zugang verwehrt ist. Beckmann, aus allen persönlichen Ge-

Sinnbildliche Behandlung von Raum und Zeit

Kontrast von Haus und Straße

Die Straße

borgenheitsräumen ausgestoßen, bewegt sich in anonymer Leere.

Der Leere und Ziellosigkeit im Räumlichen entspricht im Zeitlichen das Dunkle und Undurchdringliche. Beckmann tritt auf am Abend, bei hereinbrechender Nacht, an der Neige der Zeit. Die Straße scheint in unaufhellbares Dunkel getaucht. Zwischen Dämmerung und Nacht spielt sich das Drama des Lebens ab. Am Ende sind selbst die künstlichen Lichter gelöscht. »Es wird ja alles ganz dunkel!« (51). Die Zeit in Borcherts Stück verweist auf das Ende – in einem konturlosen, leeren Raum. »Wer weiß, in welcher finsteren Ecke wir liegen [...], wenn der Vorhang endlich, endlich fällt« (40). Endzeit und leerer Raum sind die Dimensionen des scheiternden Menschen, dem ein neuer Aufbruch und ein sinnvolles Ziel versagt sind. Von daher gewinnt Beckmanns Erlebnis mit der Elbe vertiefte sinnbildhafte Bedeutung. Im Fließen des Flusses sind das Ziel und die Richtung ebenso symbolisch präsent wie die strömende Zeit. Derjenige aber, der an den Rand gespült wird, fällt gleichsam aus dem Strom des Lebens heraus und verliert seine Heimat und seine Zukunft.

Der Ziellosigkeit im Räumlichen entspricht das Dunkle im Zeitlichen

Zeit als Verweis auf den leeren Raum

Sinnbildhafte Bedeutung der Elbe

Herausgestoßen aus Zeit und Raum, den elementaren Kategorien menschlicher Existenz, gilt es sich neu einzurichten, für ein sinnerfülltes Leben wieder Platz und Zukunft zu schaffen. Zentrales Sinnbild ist der Fluss, identisch mit dem Vitalen und Dynamischen und daher die Grenzen vom Allegorischen zum Symbolischen übersteigend. Mit dem Fluss scheint neues Leben greifbar nah. Hier im nie versiegenden Strom liegt die Antwort auf die quälende Überlebensfrage angesichts quälender Stagnation. Zum Schluss wird das Sinnbild des Flusses noch einmal aufgenommen. Für das Mädchen ist Beckmann der Fisch, der im Lebensfluss selbst wieder lebendig werden könnte. »Ja, sei wieder lebendig, kleiner kalter Fisch! Für mich. Mit mir. Komm, wir wollen zusammen lebendig sein« (51).

5. Wort- und Sacherläuterungen

9,2 **Pontons:** schwimmende Hohlkörper, die eine Brücke bilden.

10,29 **Ein Krieg gibt dem andern die Hand:** Anspielung auf die kurz aufeinander folgenden beiden Weltkriege im 20. Jahrhundert (1914–18 und 1939–45).

12,27 **Blankenese:** Stadtteil von Hamburg.

16,26 **Gasmaskenbrille:** eine spezielle Brille, die Brillenträgern auch unter der Gasmaske (Schutzmaske mit Luftfilter zum Schutz der Atmungsorgane und der Augen gegen Einwirkung von Gas, Rauch o. Ä.) klare Sicht ermöglichte.

17,28 **Stalingrad:** Während des Zweiten Weltkrieges war Stalingrad, heute in Wolgograd umbenannt, als strategisch wichtiges Industriezentrum ein besonderes Ziel der deutschen Streitkräfte. Nach heftigen Luftangriffen begann die deutsche Armee am 20. August 1942 einen Bodenangriff auf die Stadt. Nach einer erfolgreichen Gegenoffensive der sowjetischen Truppen am 19. November 1942 kapitulierte die 6. Deutsche Armee am 2. Februar 1943, wodurch der deutsche Vormarsch in die Sowjetunion beendet wurde. Die Schlacht im Kessel von Stalingrad 1942/43 kostete Hunderttausende Soldaten das Leben. Sie leitete die endgültige Niederlage der deutschen Wehrmacht ein und steht für die brutale, menschenverachtende Sinnlosigkeit des Krieges schlechthin.

19,30 f. **Komm, die Straße ist hier oben:** Die obere Straße steht symbolisch für ein zielgerichtetes Vorangehen, für das Leben. Sie bildet den Gegensatz zum abschüssigen Weg in die Elbe und somit in den Tod.

21,28 Bin irgendwo mit eingestiegen: Konventionell bedeutet »einsteigen«, sich in kriminelle Handlungen zu verstricken. Hier verweist der Ausdruck auf die Kriminalität von Kriegshandlungen überhaupt.

21,31 unser Häuptling: Gemeint ist Generalleutnant Friedrich Paulus (1890–1957), Oberbefehlshaber der in die Kämpfe um Stalingrad verwickelten 6. Armee. Er ordnete sich dem Befehl Hitlers unter, im Kessel auszuharren, statt den Rückzug anzutreten, der unzählige Menschenleben hätte retten können.

21,43 Clausewitz: Carl von Clausewitz (1780–1831), preußischer Kriegs- und Militärtheoretiker, Autor des Buchs *Vom Kriege* (1816–30). Clausewitz' posthum veröffentlichtes, unvollendetes dreibändiges Hauptwerk ließ ihn zum Begründer der modernen Kriegslehre werden. In diesem Werk untersuchte er u. a. auch das Verhältnis von Krieg und Politik und kam zu dem Schluss: »Der Krieg ist die Fortsetzung der Politik mit anderen Mitteln«, d. h., der Krieg ist lediglich ein Mittel zur Erreichung des politischen Zweckes, das Militär folglich der Politik unterzuordnen.

24,4 ff. Preußens Gloria … Badenweiler … Alten Kameraden: Militärmärsche, die in dieser Zusammenstellung die Kontinuität der militanten Geschichte des »zweiten«, preußischen Kaiserreichs bis zum »Dritten Reich« deutlich machen. Der »Badenweiler« war regelmäßig Begleitmusik der Auftritte Hitlers.

25,29 Gorodok: Stadt in Weißrussland, nördlich von Witebsk, im Winter 1943/44 Schauplatz eines verlustreichen Abwehrkampfes gegen die russische Offensive.

29,3 f. Wir brauchen einen Grabbe, einen Heinrich Heine!: Der Dramatiker Christian Dietrich Grabbe

(1801–36) und der Lyriker und Essayist Heinrich Heine (1797–1856) waren scharfe Kritiker ihrer Zeit, in der nach den Freiheitskriegen und dem Sieg über Napoleon die führenden politischen Kräfte die alten Herrschaftsverhältnisse autoritär wieder einführten.

30,28 f. **Goethe! … Mozart! … Schmeling, Shirley Temple!:** Geniale Künstler und Sport- und Showgrößen wie der Boxweltmeister Max Schmeling und der Filmkinderstar werden in einem Atemzug genannt. Ideale und Idole sollen die unerträgliche Gegenwart verdrängen.

31,31 **Tapfere kleine Soldatenfrau:** Hier wird eine Soldatenschnulze von Karl Strässer (1941) gereimt und vertont, parodiert. Das Original lautet:

Tapfere kleine Soldatenfrau,
warte nur, balde kehren wir zurück,
tapfere kleine Soldatenfrau,
Du bist ja mein ganzes Glück.
Tapfere kleine Soldatenfrau,
ich weiß, wie so treu Du denkst an mich.
Und so soll es immer sein,
und so denk ich ja auch Dein,
und aus dem Felde von Herzen grüß ich Dich.

32,36 f. **Goethe zog mit seinem Herzog ins Feld – und schrieb am Lagerfeuer eine Operette:** Gemeint ist das Lustspiel *Der Groß-Cophta* (1792). Goethe plante, dem unter dem Eindruck der Halsband-Affäre von 1785/86 geschriebenen Stück die Form der komischen Oper zu geben. Diese Affäre fügte dem Hochadel des Ancien régime großen Schaden zu. Gefälschte Briefe der Marquise de la Motte suggerierten dem in Ungnade gefallenen Kardinal de Rohan, seine frühere Stellung zurückgewinnen zu können, wenn er der Königin Marie Antoinette ein unermesslich wertvolles Diamantenkollier schenke. Der Kardinal übernahm darauf die Bürgschaft für eine riesige Geldsumme. Vermittlerin wollte die Marquise sein. Sie aber verkaufte die kostbaren Steine nach London. Als die Ratenzahlungen an die Juweliere nicht eingingen, flog der Schwindel auf. 1786 kam es zum Prozess, in dem die Marquise verurteilt wurde.

49,12 **Langemarckfeiern:** Feiern zum Gedenken an die Kämpfe in Flandern 1914–18, in denen über 2000 noch nicht voll ausgebildete Kriegsfreiwillige fielen. Sie wurden zu Vorbildern für eine aufopferungsvolle Haltung im Dienst am Vaterland stilisiert.

49,13 f. **Blutorden:** Sie wurden von der NSDAP für die Beteiligung am Marsch zur Feldherrnhalle 1923 in München verliehen.

6. Interpretation

Wie ein innerer Monolog durchziehen Rückblicke und Ein-
blicke das Stück, während alle Dialoge ins
Leere laufen und scheitern. Borchert geht es
nicht in erster Linie um die Anschauung der
objektiven Verwüstungen. Hörbar machen
will er vor allem das, was der Krieg im repräsentativ verstandenen einzelnen Menschen angerichtet hat
und weiterhin anrichtet. Neben dem übersättigten und feis-
ten Tod erscheint Gott als weinerlicher, hilfloser Greis.

*Wirkung des
Krieges auf
das Subjekt*

Vor den Beschädigungen des Menschen und den Verwüstungen seines Lebensraums scheinen alle
überkommenen Sinngebungen zu kapitulie-
ren. Unglaubwürdig geworden ist die Be-
schwörung großer Ideale, ausgeträumt ist der
Humanitätstraum. Das traditionelle huma-
nistische Wertrepertoire hat versagt, es ist unfähig, Antworten zu geben und tragfähige
Perspektiven für die Zukunft zu eröffnen. Im
selbstverschuldeten Chaos hat der Tod seine düstere Herr-
schaft aufgerichtet und lässt alle Tröstungen und Rechtferti-
gungen als sinnlose Ausflüchte erscheinen. Das Geschöpf
hat die Schöpfung ruiniert und seinen Schöpfer. Wo Gott
aber nur noch ein ohnmächtiger Greis ist, muss ein Neuanfang beim Menschen und durch ihn ansetzen.

*Kapitulation aller
Sinngebungen*

*Ende des Huma-
nitätstraums*

Was gilt, ist eine Dialektik ex negativo, die Entschlossen-
heit, das Zerstörte als Herausforderung zu begreifen, eine
neue bewohnbare Welt für den Menschen zu errichten. Der
Krieg und seine Folgen haben zu einer Ernüchterung ohne-
gleichen und zu einer Verabschiedung von Gott und Glau-

ben geführt. Das Diesseitige beginnt das Jenseitige zu verdrängen. Fuß fassen kann der Mensch nur, wenn er sich seiner ganz realen Not stellt und jenseits aller abstrakten Spekulationen sich den konkreten Aufgaben des Wiederaufbaus zuwendet.

Das Drama selbst ist der Versuch einer Antwort, der Versuch, einen Ausweg zu finden aus dem existenziellen Dilemma, das in der Todesorgie des Krieges umso bedrückender und brutaler hervorgetreten war. Die Antwort aber will sich trotz der verzweifelten Versuche nicht einstellen. Immer wieder verliert sich die Frage im leeren Raum, bleibt ohne Resonanz, erreicht niemanden, der zu einer Antwort bereit und fähig wäre.

Drama als Versuch eines Auswegs aus dem existenziellen Dilemma

Borcherts Stück bietet keine Sinnkonzepte, weigert sich, solche im Stil des klassischen Dramas zu etablieren. Gestalt gewinnt ein Theater der Frage, der bohrenden, beunruhigenden Frage nach dem Schicksal des Menschen in einer durch ihn selbst zerstörten Welt.

Verweigerung von Sinnkonzepten

Die Dramaturgie der Frage bedeutet einen radikalen Neuanfang. Alle Scheinlösungen müssen entlarvt, alle Illusionen ad absurdum geführt, jede Schönfärberei muss enttarnt werden.

Frage als radikaler Neuanfang

Erst wenn alle wohlfeilen Antworten ausgeräumt sind, hat das beharrliche Fragen eine Chance, auf den Kern menschlicher Existenz zu stoßen, auf die Antwort, die Leben dauerhaft ermöglicht und begründet. Eine solche Antwort zu finden ist aber Aufgabe des Menschen. Literatur fern aller Selbstüberschätzung kann

Suche nach tragfähigen Antworten

nur anstößig sein, indem sie dazu anstößt, durch die Dringlichkeit des Fragens die Suche nach einer tragfähigen Antwort unausweichlich zu machen.

Literatur soll den Menschen weder mit Bildungskonfektion noch mit Propaganda abspeisen, sondern ihn ermutigen, im Labyrinth der Frage das Ziel einer Antwort mit Blick auf eine menschliche Zukunft nicht aus den Augen zu verlieren. Illusionslos und treffsicher zeichnet Borchert die Nachkriegszeit, in der die alten Autoritäten weiterhin das Sagen haben, indem sie die nationalen und militanten Parolen und Phrasen einfach wiederholen: Illusion ist gefragt, nicht die schonungslose Aufdeckung.

Borchert dokumentiert das Desaster aus der Sicht des betroffenen Menschen. So ungeheuer ist das Ausmaß der Zerstörung, dass jeder Versuch, es objektiv zu erfassen, unverständlich und wirkungslos bleiben müsste. Nur die entschieden emotionale Zuwendung vermag einen Eindruck von dem zu vermitteln, was der Verlust für den Einzelnen bedeutet. Erst in der Trauer über das Verlorene, im Leiden an den äußeren und inneren Beschädigungen gewinnt das Dokumentierte menschliches Profil.

Der Gefühlsausdruck tiefer Betroffenheit scheint der einzige Weg zur Wahrheit zu sein. Jeder Versuch, fiktiv vergessen zu machen, was sich real aufdrängt, muss in die Lebenslüge münden. Mit der Abweisung dokumentarischer Kälte und verlogener Traumwelten formuliert Borchert die Nachkriegsmentalität kritisch emotionalen Engagements.

Betroffenheit als Weg zur Wahrheit

Die Ausprägung dieser Mentalität war es vor allem, die seinem Stück eine breite Resonanz bescherte und es absetzte von abgestandenen bildungsbürgerlichen Idealen und wirkungslos gebliebenen christlichen Wertüberzeugungen. »Draußen vor der Tür«, das bedeutet auch, herausgestoßen zu sein aus den zerstörten Tempeln des Glaubens und der Ideale und konfrontiert mit der Wirklichkeit einer Zeit, in der der Mensch nur zu überleben vermochte durch eine am Leben orientierte Praxis.

Beckmann ist der Wiedergänger aus einer Zeit, die einmal war, aus Räumen, die längst in Schutt und Asche liegen. Für Peter Rühmkorf ist er »der Outcast um jeden Preis, der beunruhigte Unruhestifter, der gefallene fallsüchtige Engel, das wandernde Paradox aus Bindungssucht

> Beckmann, ein Outcast um jeden Preis

und Bindungsfeindlichkeit.«[9] Eine problemlose Integration, ein Happy End, kann es nur geben, wenn die Menschen sich ihren ihnen durch den Krieg zugefügten Verkrüppelungen illusionslos stellen und die Bedingungen für ein menschenwürdiges Überleben schaffen. Solange aber die Gewalt die Liebe belastet, der Mensch den Menschen verstößt, die mörderische Geschichte verharmlost und verdrängt wird und die Kunst Lügen verbreitet, kann es keine Aussöhnung mit der Welt und kein wirkliches Glück in ihr geben.

Der Krieg hat nicht nur die menschlichen Lebensräume verwüstet und zahllose Menschenleben ausgelöscht, er hat vor allem auch das Bild vom Menschen verändert, den Glauben an seine Güte zerrüttet, aus dem Mitmenschen den Feind werden lassen, aus dem Bruder den Mörder.

> Verändertes Menschenbild

Das Grauen vor dem unwiederbringlich Zerstörten, dem Toten, geht einher mit dem Misstrauen dem überlebenden, lebendigen Menschen gegenüber, dem man nicht länger glaubt. Sein Edelmut, von den Klassikern beschworen,

scheint von seiner kriegerischen Aggression gründlich wi-
derlegt, der Glauben an seine humane Vollendbarkeit ein
Wunschtraum zu sein. Tief verunsichert bewegt sich der
Einzelne in einer Gesellschaft wirklicher und potenzieller
Mörder.

Die Nachkriegszeit ist auch eine Phase der maßlosen Ent-
täuschung über den anderen, der nicht länger Nachbar
ist, vor dem man sich vielmehr in Acht nehmen muss. Borcherts Stück gestaltet das Psy-
chogramm des Nachkriegsmenschen, indem
er tief hineinleuchtet in die neu herauf-
beschworenen Ängste, in den Menschen, der
Barrieren aufrichtet vor dem andern, um sich zu schützen
vor gefürchteten Verletzungen. *Draußen vor der Tür* bewahrt das heilsame Bewusstsein auf, in dem der Schrecken vor dem entfesselten Mitmenschen, vor dem Wolf
im andern überlebt. Beckmann wird am Ende das Recht
verweigert, sich das Leben zu nehmen, weil er als Mahn-
und Warnfigur überleben muss, um zu zeigen, dass Heimat und Zukunft die schonungslose Abrechnung mit
dem Gewesenen und die Bereitschaft zu einem neuen
Aufbruch im Zeichen gewaltfreier Mitmenschlichkeit
voraussetzt.

> Psychogramm
> des Nachkriegs-
> menschen

Borcherts *Draußen vor der Tür* ist ein Stück Gegenwarts-
literatur, die an die Stelle spekulativer Ideale die Erfahrung
des Mangels setzt, die nicht müde wird, den Glauben an die
Güte des Menschen zu desillusionieren, bis man aufhört,
nicht aus angeborener Sittlichkeit, sondern aus Gründen der
nackten Selbsterhaltung, dem Mitmenschen ein Wolf zu
sein. »Nachts darf der Schriftsteller die Sterne bekucken«,
schreibt Borchert in dem nachgelassenen Prosastück *Der
Schriftsteller*. »Aber wehe ihm, wenn er nicht fühlt, dass sein

Haus in Gefahr ist. Dann muss er posaunen, bis ihm die Lungen platzen!«[10]

Aus tiefster Not gilt es neu aufzubrechen mit dem Ziel, heimzukehren in eine zu schaffende menschliche Welt. Borcherts Stück ist wie der Schrei des Psalmisten, aber sein »De Profundis«, »Aus der Tiefe rufe ich, Herr, zu dir«[11] richtet sich nicht länger an einen Gott, sondern ausschließlich an den Menschen, der bereit ist, Nein zu sagen zu seinem Vernichtungswerk und Ja zu einer Welt des friedlichen Miteinanders. »Denn wir sind Neinsager. Aber wir sagen nicht nein aus Verzweiflung. Unser Nein ist Protest [...] Denn wir müssen in das Nichts wieder ein Ja bauen.«[12]

> *Ein Nein zum Vernichtungswerk*

7. Autor und Zeit

Wolfgang Borchert wurde am 20. Mai 1921 als einziges Kind seiner Eltern in Hamburg geboren. Beide Eltern stammten aus Mecklenburg. Der Vater Fritz Borchert, Sohn eines Schornsteinfegermeisters, kam aus Goldberg, Bezirk Schwerin, die Mutter Hertha Salchow, Tochter eines Lehrers, stammte aus Hagenow, ebenfalls Bezirk Schwerin.

Die Eltern

Fritz Borchert hatte seine Frau an seiner zweiten Volksschullehrerstelle kennengelernt und sie im Mai 1914 geheiratet.

Als der Vater eine Stelle in Hamburg-Eppendorf erhielt, zogen die Borcherts um. Die Mutter konnte sich mit den städtischen Verhältnissen allerdings nur sehr zögerlich arrangieren. Sie zog sich zurück in Erinnerungen an die dörfliche mecklenburgische Heimat und schrieb kleine Geschichten in Mecklenburger Platt, die in Zeitungen und Zeitschriften, später auch im Rundfunk Veröffentlichung und Anerkennung eines Publikums fanden.

Während Wolfgang Borchert seine Mutter abgöttisch liebte, hatte er zu dem stets kränkelnden Vater eine erhebliche emotionale Distanz, die ihm nicht geringe Gewissensbisse bereitete[13]. Auch kann man sein Temperament als labil bezeichnen, Übermut und Unmut lagen dicht beieinander. Die Kindheit war geprägt von Wohlbehütetheit durch das Elternhaus, der Vater nahm ihn häufig auf Wanderungen und auch auf Schulausflüge mit. Dort mag sich seine Beobachtungsgabe ausgeprägt haben, die für seine

Borcherts Kindheit

Genaue Beobachtungsgabe

spätere Prosadichtung ausschlaggebend und typisch ist. So nahm er für seine meisterlich anekdotische Erzählung *Schischyphusch*[14] seinen Onkel Hans Salchow zum Vorbild, dessen Zungenfehler dem kleinen Kellner als Affront gegen den eigenen Sprachfehler erscheint, woraus sich humorvoll dargestellte Verwicklungen ergeben.

Im Nachfolgewerk wenden sich sein Interesse und seine Sympathie denen zu, die, wie ihm selbst, die Erfahrungen des Zweiten Weltkriegs ein ungetrübtes Lebensglück unmöglich machten.

Als 1933 Hitler Reichskanzler wird und die braunen Horden der NSDAP (Nationalsozialistische Deutsche Arbeiterpartei) die Straßen verunsichern und der Jugend Deutschlands ihre Ideologie aufzwingen, wird Borchert in die HJ (Hitlerjugend) übernommen. Weil ihm Ungezwungenheit | *Borchert in der Hitlerjugend*
und Freiheit über alles gehen, will er Querpfeifer in einem Musikzug sein, um den allgemeinen Dienstpflichten zu entgehen. Auch die Schule wird ihm mehr und mehr zur Zwangsanstalt. Statt sich mit den Unterrichtserfordernissen zu befassen, schreibt er Gedichte in großer Anzahl, die er niemals überarbeitet. Er glaubt an | *Der Schüler und seine Schulleistungen*
sein Genie, wenn seine poetische Produktion auch noch wenig Talent zeigt. Die schlechten Schulleistungen führen 1938 zum Schulabgang von der Oberrealschule nach der Obersekunda. Er möchte Schauspieler | *Buchhändlerlehre und Schauspielunterricht*
werden, doch die Eltern bestehen auf einer Buchhändlerlehre, die er 1939, im Jahr des Überfalls auf Polen und Ausbruch des Zweiten Weltkriegs, bei Heinrich Boysen in Hamburg ohne großes Engagement antritt. Neben der

Arbeit in der Buchhandlung nimmt er heimlich Schauspielunterricht in der Hamburger Schauspielschule von Helmuth Gmelin. Später erhält er die elterliche Zustimmung.

Ende 1940 besteht er die Schauspielprüfung vor einer Kommission der Reichstheaterkammer. Als diplomierter Schauspieler führt ihn sein erstes Engagement an die Landesbühne Osthannover mit Sitz in Celle, weit entfernt von den eigenen Träumen und der Vorstellung, als Hamlet auf der großen Bühne zu glänzen. Der Mitschauspielerin Heidi Boyes ist er zugetan, mit ihr schmiedet er Zukunftspläne. Die kleine Wanderbühne bereist die Provinz mit Gastspielen.

Schauspielprüfung und Engagement an der Landesbühne Osthannover

Im Mai 1941 wird sie zur Truppenbetreuung nach Belgien beordert. Zur gleichen Zeit erhält Borchert den Einberufungsbefehl zur 3. Panzer-Nachrichten-Abteilung 81 in die Tannenbergkaserne nach Weimar-Lützendorf. Hier erlebt Borchert den Ausbildungsdrill und nennt die Kaserne auf einer offenen Ansichtskarte »eines der schönsten Zuchthäuser des Dritten Reiches«. Der Gestapo (Geheime Staatspolizei), einer gefürchteten Institution, die Andersdenkende und Widerständige verfolgte und der Nazi-Justiz auslieferte, bleiben derartige Äußerungen und Einstellungen nicht verborgen. Sie wird gegen Borchert aktiv, und Ende 1941 kommandiert man ihn direkt an die Ostfront ab. Seine erste Feindberührung hat er im Raum von Witebsk, Klin-Kalanin. Hier, bei Minustemperaturen zwischen 30 und 50 Grad, hat die zweite »Generaloffensive« auf die

1941 Einberufung zur Wehrmacht

Opposition gegen das Nazi-Regime

1941 Einsatz an der Ostfront

Wolfgang Borchert
Foto: Rosemarie Clausen, Hamburg

Hauptstadt Moskau begonnen, der man bis auf 30 Kilometer nahegerückt war. Aber die sowjetische Gegenoffensive

Teilnahme an der Winterschlacht vor Moskau

formiert sich. Immer neue aus Sibirien herbeigebrachte und wohlausgerüstete russische Soldaten zeigen den Deutschen, dass ein schneller Sieg über den moralisch und ökonomisch besiegt geglaubten Gegner aussichtslos ist. Diese Winterschlacht vor Moskau wird wegen unzureichender Ausrüstung und Mangel an Nachschub

Schussverletzung der linken Hand

zum Debakel. Neben den Gefallenen und Verwundeten werden Ungezählte Opfer des Erfrierungstodes.[15]

1942 erleidet Borchert eine Verwundung an der linken Hand. Seine Darstellung des Hergangs wird von seinem vorgesetzten Feldwebel mit der Bemerkung versehen, Borchert habe sich die Schusswunde selbst zugefügt. Vom Lazarett in Russland wird er einem Heimatlazarett in Schwabach überwiesen, weil er an einer lebensgefährlichen Diphtherie erkrankt ist. Im Mai 1942 wird er im Untersuchungsgefängnis Nürnberg in Einzelhaft genommen, wo er drei

Verdächtigung als Simulant und schwere Erkrankung

Einzelhaft in Nürnberg

Monate auf einen Verhandlungstermin wartet. Ein befreundeter Rechtsanwalt aus Hamburg übernimmt seine Verteidigung. Das Gericht glaubt dem Angeklagten und seinem Verteidiger und entscheidet sich für Freispruch.

Freispruch, doch fortgesetzte Inhaftierung

Borchert aber bleibt in Haft. »Staatsgefährdende Briefe« und lästerliche Äußerungen zum Dritten Reich stehen zu weiterer Verhandlung an. Auf Grund des »Gesetzes gegen heimtückische Angriffe auf Staat und

Partei« von 1934 wird er zu sechs Wochen verschärfter Haft (ursprünglich waren es vier Monate Gefängnis gewesen) verurteilt.[16]

Nach Verbüßen der Haft kommt er zum Ersatzbataillon seines früheren Regiments nach Saalfeld, später ist er für einige Wochen in Jena. Hier findet er in einem Oberleutnant einen Freund, mit dem er sich vor allem auch literarisch austauschen kann. Doch schon im November ist er wieder unterwegs zu einem Fronteinsatz. Als Melder nimmt er, bewaffnet mit einer »harmlosen Leuchtpistole«, an den Panzerkämpfen von Toropez teil. Mit Typhus, erfrorenen Füßen und einem lange unerkannten Leberleiden durchläuft er das Seuchenlazarett von Smolensk und andere Militärhospitäler. Hier schreibt er Gedichte, die er Freunden zu Hause widmet. Seinem inzwischen gefallenen Freund aus Jena widmet er das *Requiem an einen Freund*, in seinem Prosareim dem »*Cornet*« von Rainer Maria Rilke, seinem Vorbild aus früher Zeit, nachempfunden.

Als Melder zurück an der Ostfront

Vom Seuchenlazarett nach Elend im Harz

Von Smolensk wird Borchert über Radom und Minsk nach Deutschland zurücktransportiert. Nach einem Erholungsaufenthalt 1943 im Reservelazarett in Elend (Harz) ist er im Sommer wieder bei seiner Garnison in Jena. Dort wartet er auf Urlaubserlaubnis für Hamburg, das 1943 durch Bomben in Schutt und Asche gelegt worden ist. In seinem Heimaturlaub tritt Borchert dort mit eigenen Chansons im »Bronzekeller«, einem kleinen Kabarett, auf.[17]

1943 auf Urlaub in Hamburg: Auftritt im »Bronzekeller«

Zurück in Jena, treten neue Fieberanfälle auf. Man beschließt, ihn dienstuntauglich zu schreiben und einem

Fronttheater zuzuweisen. Am Vorabend seiner Entlassung gibt er in Kassel-Wilhelmshöhe auf der Stube 32 der Hindenburg-Kaserne eine »Abschiedsvorstellung«, in der er Goebbels, den Reichspropagandaminister, parodiert, indem er dessen Gehbehinderung zum Gegenstand seines beißenden Witzes macht. Natürlich wird er wiederum angezeigt, nach Berlin überstellt und im Gefängnis Moabit in Untersuchungshaft genommen. Am 4. September wird er zu neun Monaten Gefängnis verurteilt, jedoch zwecks »Feindbewährung« freigelassen. Erlebnisse aus dem Moabiter Gefängnis hat er in Erzählungen festgehalten.[18]

Entlassung aus dem Dienst, Verunglimpfung von Goebbels

Borchert ist nun zunächst wieder in Jena. Dort bekommt er Ausgehverbot, weil er mit einer französischen »Fremdarbeiterin« gesehen wurde, wieder ein strafbares Delikt.

1945 erneuter Einsatz bei den Kämpfen südlich des Mains

Anfang 1945 wird Borcherts Kompanie noch bei Kämpfen südlich des Mains eingesetzt. Doch da kommt es bereits zur Auflösung der Truppe. Bei Frankfurt lässt sich die Resttruppe, in der Borchert unterwegs ist, von Franzosen gefangen nehmen. Beim Weitertransport in die französische Gefangenschaft gelingt ihm die Flucht. Sein Ziel ist Hamburg. Von Amerikanern aufgegriffen, helfen ihm die Haftvermerke in seinen Wehrmachtspapieren weiterzukommen. Fiebernd und zu Tode erschöpft, langt er mit Zwischenaufenthalten in Westfalen und Niedersachsen in Hamburg an. Ein Gewaltmarsch von 600 Kilometern liegt hinter ihm, vor ihm sein weiterer Leidensweg mit einem unheilbaren Leberschaden.

Flucht aus der französischen Gefangenschaft

Gewaltmarsch nach Hamburg

Borchert versucht, wieder beim Theater anzuknüpfen. Er gründet mit anderen »Die Komödie«, ein Hinterhoftheater, und tritt dort im September und auch noch Anfang Oktober als Kabarettist auf. Doch kann er diese Auftritte auf Grund seiner sich ständig vergrößernden, ständig schmerzenden Leber nicht fortführen. Im November arbeitet er noch einmal als Regieassistent von Helmuth Gmelin für eine Aufführung von Lessings *Nathan der Weise*. Ab dem Winter 1945/46 kann er das Haus nicht mehr verlassen. Er wird vom Alsterndorfer Krankenhaus an das Elisabeth-Krankenhaus weitergereicht. Nach Hause entlassen, weil die Ärzte ihm nicht helfen können, ist er dauerhaft bettlägerig.

Borchert, ein Todkranker

In fieberfreien Stunden erfasst ihn ein unglaublicher Schaffensdrang. 1946 entstehen neben dem Gedichtzyklus *Laterne, Nacht und Sterne* die Erzählung *Die Hundeblume*, ca. 29 weitere Kurzgeschichten und *Draußen vor der Tür*. 1947 folgen um die 25 weitere Kurzgeschichten. Am 13. Februar 1947 strahlt der NWDR *Draußen vor der Tür* als Hörspiel aus, das mehrfach wiederholt den so genannten »Borchert-Rummel« auslöst. Im April erscheint unter dem Titel *Die Hundeblume* eine Sammlung von Kurzgeschichten.

Bis 1947 ungeheurer Schaffensdrang

Freunde ermöglichen dem auf den Tod Kranken im September einen Klinikaufenthalt in Basel. Dort stirbt er am 20. November 1947. Seine ihm angeborene überempfindliche Leber wurde durch die Mangelernährung an der Front, in den Gefängnissen und durch den Krieg zerstört.

20. November 1947: Borcherts Tod

Wolfgang Borchert liegt auf dem Ohlsdorfer Friedhof in Hamburg begraben. 1949, im Jahr der Gründung der Bundesrepublik und der DDR, erscheint sein Gesamtwerk im Rowohlt Verlag Hamburg.

8. Rezeption

Aufführungsgeschichte des Hörspiels und des Dramas *Draußen vor der Tür*

Die Uraufführung in den Hamburger Kammerspielen fand am 21. November 1947 statt. Ihr ging die Hörspielübertragung am 13. Februar 1947 voraus. Unter der Regie von Ludwig *Das Hörspiel* Cremer war die Aufnahme des Hörspiels bereits am 2. Februar erfolgt. Es war innerhalb von vierzehn Tagen sendefertig gemacht worden, dauerte 79 Minuten und setzte eine Hörspielreihe fort, die die von den Winternöten in den zerbombten Städten geplagten Hörer bewegte, sich mit den Problemen der Kriegsfolgen auseinanderzusetzen. Nicht alle Stadtteile konnten die Ausstrahlung empfangen, weil einzelne Stadtteile aufgrund des Energiemangels nur wenige Stunden am Tag mit Strom versorgt wurden. Auch die elterliche Wohnung, in der der Autor selbst zuhören wollte, war von der Stromsperre betroffen.

Der Spiegel Nr. 48 vom 29. November 1947 hob mit Bezug auf die Aufführung in den Kammerspielen die Erschütterung des Publikums hervor, das das dargestellte Schicksal des *Theaterauf-* Heimkehrers Beckmann mit dem Schicksal *führung in den* Borcherts verband, der tags zuvor gestor- *Kammerspielen* ben war. Regie führte Wolfgang Liebeneiner, und Hans Quest überragte in der Rolle des grauen Soldatengespenstes Beckmann mit der Gasmaskenbrille auf den kurzsichtigen Augen.

Die Erschütterung des Publikums war so groß, dass es stumm den Zuschauerraum verließ.

Die Welt schrieb am 25. November 1947 vom Ruhm der deutschen Dichtung, der durch das Stück Borcherts mit seiner eigenwilligen Sprachkraft und der Gewalt apokalyptischer Gesichte bewahrt worden sei.

Im Februar 1948 spielte Hannes Messemer eindrucksvoll die Rolle des Heimkehrers an den Städtischen Bühnen Hannover. Die Kritik sprach von einem Alpdruck, der sich der Zuschauer in wachsendem Maße bemächtigte. Dem Hauptdarsteller bestätigte sie die Kunst, die Zuschauer »anzupacken und durchzurütteln«.

Theateraufführung in Hannover

Dagegen fiel die Kritik am Ensemble des Berliner Hebbel-Theaters im gleichen Jahr harsch aus. Dem Regisseur Noelte wurde vorgeworfen, durch Textkürzungen brutale und simple Kontraste erzeugt zu haben, betont durch Überzeichnung der Gebärdensprache und Lautstärke.

Theateraufführung in Berlin

Inszenierungen von 1961 bis 1981

1961 klagte der Kritiker Johannes Poethen in der *Deutschen Zeitung* anlässlich einer Aufführung in Stuttgart unter der Regie von Otto Kurth schon über ein Publikum, das den Schrei der Verzweiflung und des Schmerzes nicht mehr hören wollte. Es war eine deutlich spürbar unterkühlte Haltung gegenüber der Kriegsvergangenheit eingetreten, die man während des Wirtschaftswunders in Deutschland zu verdrängen und vergessen suchte.

Inszenierungen in den 60er- und 70er-Jahren vor einem veränderten Publikum

Demgegenüber konnte Ulrich Schwarz in den *Ruhr-Nachrichten* am 26. Februar 1968 mit Blick auf eine Aufführung in Essen unter der Regie von Claus Leininger feststellen, dass angesichts des Vietnam-Krieges hinter dem Pathos eine Wirklichkeit durchscheine, die sich an jedem Ort und jederzeit wiederholen könne. Indem Leininger Beckmann in sechs verschiedenen Figuren mit jeweils anderer Stimme und anderem Erscheinungsbild aufspaltete, wurde dieser zu einem in jede Zeit und jeden Raum beliebig projizierbaren Jedermann. »Das Publikum«, so schließt die Kritik, »hatte am Ende begriffen. Es [...] verblieb auch ohne Schlussapplaus auf seinen Plätzen.«

Ähnlich sah Hans Jansen in der *Westdeutschen Allgemeinen Zeitung* (11. Juni 1979) in einer Inszenierung des Theaters Moers »einen zeitlosen Kern: die Suche des heimatlosen Jedermann, des unangepassten Außenseiters nach menschlicher Geborgenheit und metaphysischem Halt.«[19]

Suche des heimatlosen Jedermann

Weitere Inszenierungen im Überblick

Wolfgang Borcherts Stück wird bis heute immer wieder neu inszeniert und auf renommierten Bühnen ebenso aufgeführt wie in Laientheatern, allen voran oft Schülertheater. Das wundert insofern nicht, als sich gerade junge Leute vor allem in Krisenzeiten von diesem Stück besonders angesprochen fühlen, handelt es sich doch um ein Zeit- und Gegenwartsstück, das sich mit den Problemen der Einordnung in bestehende Zeitsituationen auseinandersetzt. Dass

Borchert auf renommierten Bühnen, im Laien- und Schülertheater

Junges Stück für Krisenzeiten

der Protagonist dabei auf der Strecke bleibt und den Umständen unterliegt, erweist sich gleichermaßen als erschütternd wie aufrüttelnd.

Theo Elm[20] ist dem Grund für das Phänomen nachgegangen, warum Borcherts Stück *Draußen vor der Tür* in Zeiten, die das Jugendphänomen des moralischen Enthusiasmus hervorrufen, besondere Konjunktur auf den Bühnen hat. Er stellt fest, dass nach den Jugendprotesten 1957, die sich der Neubegründung der Bundeswehr entgegenstellten, 11 Neuinszenierungen stattfanden, was beinahe einer monatlichen Neuaufführung gleichkam. Von 1979 bis 1981, während der von Studentenprotesten und Demonstrationen begleiteten »Nachrüstungsdebatte«, wurde mit 22 Inszenierungen erneut ein Aufführungshöhepunkt erreicht.

Phänomen eines moralischen Enthusiasmus

Häufung von Aufführungen in Zeiten des Jugendprotestes

In nahezu allen alten Bundesländern haben Schulen sich nach Wolfgang Borchert benannt. Wenn Borchert in der ehemaligen DDR dagegen nicht häufig gespielt wurde, so liegt dies in der anderen gesellschaftlichen Tradition nach 1948 begründet: Mit ihrer Wendung zum Kommunismus und Sozialismus sah sich die Deutsche Demokratische Republik auf der anderen Seite des »Eisernen Vorhangs« und glaubte sich jeder Verantwortung für die nationalsozialistische Vergangenheit Deutschlands enthoben. Die Verantwortung für die Folgen der Nazidiktatur wurde allein der Bundesrepublik angelastet.[21]

Draußen vor der Tür und die DDR

Nach dem Fall der Mauer und der Wiedervereinigung

Deutschlands 1989 findet sich Borcherts Drama auch auf den Spielplänen der neuen Bundesländer. Die Borchert-Gesellschaft verzeichnet bis 2006 8 namhafte Neuinszenierungen, zuletzt 2004 und 2005 im Theaterschiff der Stadt-Spiel-Truppe Potsdam.[22] Auch auf der internationalen Bühne – Österreich, Schweiz, Italien (Tirol), Schweden und Großbritannien – war Borchert von 1996 an immer wieder vertreten, 2004 wurde das Stück von der Theatergruppe Valendas in der Schweiz ge-

Borchert auf der internationalen Bühne

spielt, am 17. April 2000 erlebte es eine Premiere auf dem Vorstadt- und Laienkunsttheater in Krasnodar in Nordkaukasien (eine Stadt mit 650 000 Einwohnern und Partnerstadt von Karlsruhe). Olga Opitz, Tochter des russischen Regisseurs, gibt darüber einen Bildbericht.[23] Interessant ist die Veränderung des Schlusses. Am Ende des Stücks fragt Beckmann in die Dunkelheit: »›Hast du nach mir gesucht? Gesucht? Ja?‹ Die junge Frau (das Mädchen) und Beckmann werden angestrahlt. Sie stehen weit voneinander entfernt. Plötzlich erstarren sie. Und dann kommt die Frau langsam Beckmann entgegen. […] Ihr Gesicht nähert sich dem seinen; sie küsst ihn, und sie stehen lange, sehr lange zusammen, indem sie sich aneinander drücken. Aber plötzlich wird sein Körper schwach, und lautlos rutscht er an ihr herab. Seine Versuche zu leben sind zu Ende gegangen. Beckmann hat seine Ruhe gefunden, Ruhe, die durch Verständnis und Mitleid gekommen ist.«

Verfilmung

Unter dem Titel *Liebe 47* produzierte Wolfgang Liebeneiner einen Film mit Karl John und Hilde
Krahl in den Hauptrollen. Er wurde 1949 ur-
aufgeführt. Die positive Wende aber, die dem
Film durch das Happy End zwischen Beckmann und dem Mädchen gegeben wurde, bewährte sich
für die Aussage und Intention des Stückes nicht.

*Verfilmung mit
positivem Schluss*

Opern nach dem Stoff von *Draußen vor der Tür*

Am 1. Juli 1983 brachte das Musiktheater im Revier,
Gelsenkirchen, im Rahmen der Ruhrfestspie-
le eine Wiederholung der im Ungarischen
Staatlichen Opernhaus Budapest 1978 urauf-
geführten Oper *Draußen vor der Tür*. Die
Musik stammt von dem Ungarn Sándor Balassa, den Text
besorgte Géza Fodor, die musikalische Leitung hatte Uwe
Mund, Dietrich Hilsdorf inszenierte. Es handelte sich um
die westeuropäische Erstaufführung.

*Das Stück als
Opernstoff*

Eine weitere musikalische Aufführung fand am 30. Januar
1994 im Hannover'schen Ballhof statt. Die Komposition
stammte von Xaver Paul Thoma, die Inszenierung war
von Hans-Peter Lehmann besorgt worden und die musikalische Leitung hatte Anthony Bramall.

Unter der Leitung von Jörg Krüger in der Inszenierung
von Uwe Wand wiederholte 1995 das Leipziger Keller-
theater diese Oper.

Symposion zur Borchert-Forschung der Gegenwart

Vom 23. bis 26. November 1995 veranstaltete die Internationale Wolfgang-Borchert-Gesellschaft[24] zusammen mit dem Literaturwissenschaftlichen Seminar der Universität Hamburg eine internationale Konferenz zu dem Thema »Wolfgang Borchert in neuer Sicht«. Die Ergebnisse wurden im Band 5 der Schriftenreihe der Hamburgischen Kulturstiftung zusammengetragen und von Gordon Burgess und Hans-Gerd Winter 1996 im Dölling und Galitz Verlag herausgegeben.

1995 Wissenschaftliche Konferenz zu Borchert in Hamburg

Hans-Ulrich Wagner aus Bamberg referierte über *Draußen vor der Tür* im Rahmen der Heimkehrer-Hörspiele der unmittelbaren Nachkriegszeit, Erwin Warkentin von der University of Newfoundland setzte sich mit den komischen Elementen dieses Dramas auseinander, Michael Mahn, Hamburg, zeigte unter dem Titel *Fundsachen* wieder aufgefundene Fotos zur Hörspielproduktion von 1947, und Theo Elm aus Erlangen setzte sich mit *Draußen vor der Tür* unter den Aspekten von Geschichtlichkeit und Aktualität Borcherts auseinander. Diese Arbeit wurde für den Lektüreschlüssel herangezogen.

Die Borchert-Gesellschaft bringt außerdem seit 17 Jahren in Folge ein Jahresheft für ihre Mitglieder mit den neuesten Informationen zur Borchert-Forschung heraus. Die Beiträger stammen aus dem In- und Ausland.

Jahresheft der Internationalen Wolfgang-Borchert-Gesellschaft

Ausstellung

In der Zeit vom 1. November 1996 bis Ende März 1997 veranstaltete die Internationale Wolfgang-Borchert-Gesellschaft in Zusammenarbeit mit dem Schloss Reinbek die Ausstellung »Wolfgang Borchert: Leben – Werk – Wirkung« in den Ausstellungsräumen des Schlosses. Anlass waren der 75. Geburtstag des Dichters im Mai 1996 und der bevorstehende 50. Todestag im November 1997. Grundlage der Ausstellung waren Materialien aus dem Borchert-Archiv in der Staats- und Universitätsbibliothek Hamburg und Leihgaben aus privatem Besitz. Zur Ausstellung erschien ein illustrierter Katalog, der unter anderem auch bestätigt, dass Borchert mit dem zweiten Teil seines Werkes, seinen Kurzgeschichten, zum Lesebuchklassiker an deutschen Schulen werden und einen wichtigen Beitrag zur Entwicklung der Gattung der deutschsprachigen Kurzgeschichte leisten konnte.

Klassiker der deutschen Kurzgeschichte

9. Checkliste

1. Sprechen Sie über den Erfolg des Hörspiels und der Uraufführung des Theaterstücks in den Hamburger Kammerspielen, und geben Sie eine Erklärung dafür.
2. Wie nahmen die Kritiker der ersten Stunde Borcherts Stück auf?
3. Ordnen Sie das Stück der Nachkriegsliteratur zu und sprechen Sie über die Bedeutung Borcherts für einen Neuanfang der Literatur nach 1945.

4. Geben Sie eine knappe Zusammenfassung der einzelnen Gliederungsabschnitte und Szenen.
5. Erläutern Sie die Besonderheit der letzten Szene.

6. Geben Sie einen Überblick über die Personen des Stücks. Unterscheiden Sie dabei zwischen Typen und Individualgestalten.
7. Sprechen Sie über die Sonderstellung von Gott und dem Anderen.
8. Legen Sie am Beispiel des Mädchens dar, inwiefern die Personen elementare Bedingungen menschlichen Daseins vertreten.
9. Sprechen Sie über den Oberst und den Theaterdirektor als Prinzipienträger.
10. Beschreiben Sie die Gefühle, die Frau Kramer bei Beckmann auslöst.
11. Worin sehen Sie, mit Blick auf die Personen, die Bedeutung der 5. Szene?
12. Stellen Sie die Gestalt Beckmanns in den Mittelpunkt Ihrer Überlegungen und reflektieren Sie ihre Bedeu-

tung für einen literarischen Neuanfang nach dem Zweiten Weltkrieg, auch im Hinblick auf die Literaturgattung.

13. Zählen Sie unter Berücksichtigung der Anmerkungen auf, welchen Gattungen das Stück zugeordnet worden ist.
14. Setzen Sie sich mit der Kennzeichnung des Stücks als Tragödie genauer auseinander und ordnen Sie ihm deren Aufbauprinzipien von steigender Handlung, Peripetie und fallender Handlung zu.
15. Legen Sie den Szenenaufbau dar, den Borchert gewählt hat.
16. Welche Bedeutung kommt der Szene des Generals mit dem Knochenxylophon zu?
17. Charakterisieren Sie die Kunstauffassung des Theaterdirektors und bewerten Sie diese unter den Aspekten von seriöser und trivialer Kunst.
    Welche Merkmale können zur Unterscheidung der beiden Möglichkeiten angeführt werden?
18. Inwiefern kann man Beckmann als den Helden eines absurden Welttheaters bezeichnen?
19. Äußern Sie sich zur sinnbildhaften Gestaltung von Raum und Zeit, Straße und Dämmerung.

20. Erläutern Sie mit Blick auf die Interpretation das Grundanliegen Borcherts in seinem Stück *Draußen vor der Tür*.
21. Beschreiben Sie die Veränderungen des Menschen durch die Kriegserfahrungen.
    Vergleichen Sie die neue »Literatur der Frage« mit der idealistischen Humanitätsliteratur.

22. Erläutern Sie, inwiefern dem Stück ein verändertes Menschenbild zu Grunde liegt.

23. Sprechen Sie über die Kindheit und Jugend Wolfgang Borcherts.

24. Zeichnen Sie Borcherts Kriegsschicksal in einzelnen Stationen nach.

25. Sprechen Sie über Borcherts so genannte Verfehlungen gegen das Naziregime.

26. Zeigen Sie an ausgewählten Beispielen, wie Borcherts literarisches Werk an seine persönlichen Erfahrungen anknüpft.

27. Benennen Sie Rezeptionsunterschiede zwischen den ersten Nachkriegsjahren und den Jahren zwischen 1961 und 1981.

28. Erklären Sie die Zurückhaltung in der Aufführungspraxis der ehemaligen DDR.

29. Begründen Sie, warum eine Verfilmung mit einem glücklichen Ausgang als verfehlt betrachtet werden muss.

10. Lektüretipps/Filmempfehlungen

Textausgaben

Wolfgang Borchert: Das Gesamtwerk. Hamburg: Rowohlt, 1949.
- Draußen vor der Tür und ausgewählte Erzählungen. Mit einem Nachw. von Heinrich Böll. Hamburg: Rowohlt Taschenbuch Verlag, 1956. (Rowohlt Taschenbuch. 170.)
- Draußen vor der Tür. Ein Stück, das kein Theater spielen und kein Publikum sehen will. Hans Quest gewidmet. Mit einem Nachw. von Heinrich Böll. Reinbek bei Hamburg: Rowohlt Taschenbuch Verlag 1995. (Rowohlt Taschenbuch. 1170.) – *Nach dieser Ausgabe wird zitiert.*

Erläuterungen und Dokumente

Winfried Freund / Walburga Freund-Spork: Wolfgang Borchert: *Draußen vor der Tür*. Stuttgart 1996. (Reclams UB. 16004.)

Zum Nachschlagen von Sachbegriffen

Reallexikon der deutschen Literaturgeschichte. Begr. von Paul Merker und Wolfgang Stammler. Berlin [u. a.] ²1958–1988.
Wilpert, Gero von: Sachwörterbuch der Literatur. 8., verb. und erw. Aufl. Stuttgart 2001.

Zur Einführung in die Gattung

Guthke, Karl S.: Die moderne Tragikomödie. Theorie und Gestalt. Göttingen 1968.

Karasek, Hellmuth: Dramatik in der Bundesrepublik seit 1945. In: Dieter Lattmann (Hrsg.): Die Literatur in der Bundesrepublik Deutschland. München/Zürich 1973. (Kindlers Literaturgeschichte der Gegenwart in Einzelbänden. Autoren, Werke, Themen, Tendenzen seit 1945.) S. 537–699.

Zur literaturwissenschaftlichen Interpretation

Balzer, Bernd: Wolfgang Borchert: *Draußen vor der Tür*. Grundlagen und Gedanken zum Verständnis des Dramas. Frankfurt a. M. ³1991.

Elm, Theo: *Draußen vor der Tür*: Geschichtlichkeit und Aktualität Wolfgang Borcherts. In: »Pack das Leben bei den Haaren«. Wolfgang Borchert in neuer Sicht. Hrsg. von Gordon Burgess und Hans-Gerd Winter. Hamburg 1996.

Freund, Winfried: Literatur ohne Antwort. Wolfgang Borchert: *Draußen vor der Tür*. In: Interpretationen: Dramen des 20. Jahrhunderts. Bd. 2. Stuttgart 1996. S. 27–44.

Große, Wilhelm (Hrsg.): Materialien zu Wolfgang Borcherts *Draußen vor der Tür*. Stuttgart 1980.

Guthke, Karl S.: Wolfgang Borchert: *Draußen vor der Tür*. In: Manfred Brauneck (Hrsg.): Das deutsche Drama vom Expressionismus bis zur Gegenwart. Bamberg ³1977. S. 112–117.

Mennemeier, Franz Norbert: Ein Dramatiker der Stunde

Null. In: F. N. M.: Modernes deutsches Drama. Bd. 2: 1933 bis zur Gegenwart. München 1962. S. 7–56.

Migner, Karl: Das Drama *Draußen vor der Tür.* In: Rupert Hirschenauer / Albrecht Weber (Hrsg.): Interpretationen zu Wolfgang Borchert. München 1962. S. 7–56.

Rupp, Gerhard: Wolfgang Borchert: *Draußen vor der Tür.* In: Harro Müller-Michaels (Hrsg.): Deutsche Dramen. Interpretationen zu Werken von der Aufklärung bis zur Gegenwart. Bd. 2: Von Hauptmann bis Botho Strauß. Königstein i. Ts. 1981. ²1985. S. 86–111.

Schulze, Wolfgang: Wolfgang Borchert: *Draußen vor der Tür.* Ein Interpretationsversuch im Deutschunterricht. In: Wirkendes Wort 13 (1963) S. 115–122.

Wilson, A. Leslie: Beckmann, der Ertrinkende. Zu Wolfgang Borcherts *Draußen vor der Tür.* In: Akzente 19 (1972) S. 466–479.

Zur Aktualität des Stücks

Kraske, Bernd: »Immer noch aktuell … leider«. In: Jahresheft der Internationalen Wolfgang-Borchert-Gesellschaft e. V. Heft 11 (1999) S. 21.

Schaaf, Michael: Draußen vor dem Tafelberg. In: Jahresheft der Internationalen Wolfgang-Borchert-Gesellschaft e. V. Heft 14 (2002) S. 15.

Stark, James: Borcherts Werk: praktisches Lehrmittel und aktuelle moralische Lehre. In: Jahresheft der Internationalen Wolfgang-Borchert-Gesellschaft e. V. Heft 12 (2000) S. 16.

Stark, James: Über die Weltpolitik nicht so sehr aufregen. In: Jahresheft der Internationalen Wolfgang-Borchert-Gesellschaft e. V. Heft 3 (1991) S. 5.

Zu Wolfgang Borchert

Rühmkorf, Peter: Wolfgang Borchert. Reinbek bei Hamburg. [8]2002. (rororo monographien. 50058.)

Verfilmung

Liebe 47. Regie: Wolfgang Liebeneiner. 1949.

Anmerkungen

1 G. Gaiser, *Eine Stimme hebt an* (1950); F. Tumler, *Heimfahrt* (1950); H. Böll, *Wo warst du, Adam?* (1951); F. Tumler, *Ein Schloß in Österreich* (1953); H. W. Richter, *Sie fielen aus Gottes Hand* (1951); J. M. Bauer, *Soweit die Füße tragen* (1955).

2 Theo Elm, »*Draußen vor der Tür*: Geschichtlichkeit und Aktualität Wolfgang Borcherts«, in: »*Pack das Leben bei den Haaren.« Wolfgang Borchert in neuer Sicht*, hrsg. von Gordon Burgess und Hans-Gerd Winter, Hamburg 1996, S. 276.

3 Michael Schaaf, »›Im Grunde ist sein Werk vergessen.‹ Marcel Reich-Ranicki, Wolfgang Borchert und der Literaturkanon«, in: *Jahreshefte der Internationalen Wolfgang-Borchert-Gesellschaft e. V.*, Heft 17 (2005) S. 33, Spalte 2. Michael Schaaf nimmt Stellung zu der Replik Reich-Ranickis auf die Frage nach dem Einfluss von Borcherts Kurzgeschichten und seinem Theaterstück *Draußen vor der Tür* in der *Frankfurter Allgemeinen Sonntagszeitung* vom 9. Oktober 2005. Darin bezeichnet Reich-Ranicki die Kurzgeschichten und das Drama als zwar »wirkungsvolle, doch nicht überaus originelle Arbeiten«.

4 Walter Hincks Auffassung von der »Ichverdopplung oder -spaltung Beckmanns« scheint in diesem Licht abwegig. W. H., *Das moderne Drama in Deutschland*, Göttingen 1973, S. 154.

5 Gemeint ist Goethes Libretto zu der geplanten komischen Oper *Die Mystifizierten* nach der so genannten Halsbandgeschichte.

6 Klaus Günther Just, *Von der Gründerzeit bis zur Gegenwart. Die deutsche Literatur der letzten hundert Jahre*, Bern/München 1973, S. 617.

7 So Franz Norbert Mennemeier, »Ein Dramatiker der Stunde Null«, in: *Modernes Deutsches Drama 2*, München 1975, S. 148–159.
Wilhelm Große sieht Anklänge an das alte Mysterienspiel. W. G. (Hrsg.), *Materialien zu Wolfgang Borchert, »Draußen vor der Tür«*, ausgew. und eingel. von W. G., Stuttgart 1980, S. 5. Vgl. auch Heinz Schwitzke, *Das Hörspiel. Dramaturgie und Geschichte*, Köln/Berlin 1963, S. 283–286.
Peter Rühmkorf nennt das Stück schlicht »Gegenwartsstück«. P. R., *Wolfgang Borchert. Mit Selbstzeugnissen und Bilddoku-*

menten, Reinbek bei Hamburg ⁸2002 (rowohlts monographien), S. 146.

8 Als einer der Ersten hat Karl S. Guthke auf die Struktur des tragischen Dramas verwiesen: »Wolfgang Borchert, *Draußen vor der Tür«*, in: Manfred Brauneck (Hrsg.), *Das deutsche Drama vom Expressionismus bis zur Gegenwart*, Bamberg 1970, S. 108–113.

9 Peter Rühmkorf, *Wolfgang Borchert*, Reinbek bei Hamburg ²⁴1993 (rowohlts monographien), S. 146.

10 Wolfgang Borchert, *Der Schriftsteller*, in: *Das Gesamtwerk*, Hamburg 1949, S. 321.

11 Psalm 130, in: *Der Psalter, Stuttgarter Jubiläumsbibel*, S. 765.

12 Wolfgang Borchert, *Das ist unser Manifest*, in: *Das Gesamtwerk*, Hamburg 1949, S. 353.

13 In der Erzählung *Die Kirschen* hat Borchert diesen Zwiespalt beeindruckend herausgearbeitet. Sie wurde nicht ins Gesamtwerk übernommen. Der Text findet sich in der Bildmonographie von Peter Rühmkorf, *Wolfgang Borchert*, Reinbek bei Hamburg ²⁴1993, S. 11–13.
Der Mutter gedachte er im Schlusssatz der Erzählung *Die Küchenuhr* äußerst liebevoll und anerkennend, in: Wolfgang Borchert, *Das Gesamtwerk*, Hamburg ²1952, S. 232–234.

14 Wolfgang Borchert, *Das Gesamtwerk*, Hamburg ²1952, S. 323 ff.

15 Die Erzählung *An diesem Dienstag* zum Beispiel hält Borcherts Kriegserfahrungen eindrucksvoll fest. Wolfgang Borchert, *Das Gesamtwerk*, Hamburg ²1952, S. 219–222.

16 Diese Erfahrungen schlagen sich nieder in seiner ersten berühmten Kurzgeschichte *Die Hundeblume*, in: Wolfgang Borchert, *Das Gesamtwerk*, S. 35–49.

17 Peter Rühmkorf, *Wolfgang Borchert*, nennt in seiner Biografie die Titel: *Der Tausendfüßler, Die Zigarettenspitze, Brief aus Rußland*.

18 Wolfgang Borchert, *Unser kleiner Mozart, Ching-Ling die Fliege, Maria, alles Maria.* (nicht ins Gesamtwerk aufgenommen, als Nachlass in Zeitungen und Zeitschriften erschienen).

19 Zitiert nach: Winfried Freund / Walburga Freund-Spork, *Erläuterungen und Dokumente, Wolfgang Borchert, »Draußen vor der Tür«*, Stuttgart 1996 [u. ö.], S. 56–64.

20 Theo Elm, in: *»Pack das Leben bei den Haaren«* (Anm. 2), S. 273 f.

21 In den 1980er-Jahren gab es 7 Neuinszenierungen an renommierten Theatern. In den 90ern verzeichnet die Liste der Borchert-Gesellschaft 9 und von 2000 bis 2004 3 Aufführungen in
   den neuen Bundesländern.
22 Dem stehen im Zeitraum von 1982 bis 2006 55 Inszenierungen
   auf westdeutschen Bühnen gegenüber.
23 Olga Opitz (Krasnodar), »Bericht über eine Aufführung von
   Draußen vor der Tür«, in: *Jahresheft der Internationalen Wolfgang-Borchert-Gesellschaft*, Heft 17 (2005) S. 41–47.
24 E-Mail-Adresse der Gesellschaft: borchert-gesellschaft@t-on-
   line.de

Raum für Notizen